Impressum
Verlag: BABADADA GmbH, Nedderfeld 112 , 22529 Hamburg
Geschäftsführer / Verlagsleitung: Harald Hof
Druck: Books on Demand GmbH, In de Tarpen 42, 22848 Norderstedt

Imprint
Publisher: BABADADA GmbH, Nedderfeld 112 , 22529 Hamburg, Germany
Managing Director / Publishing direction: Harald Hof
Print: Books on Demand GmbH, In de Tarpen 42, 22848 Norderstedt, Germany

ቤት-ትምህርቲ

школа

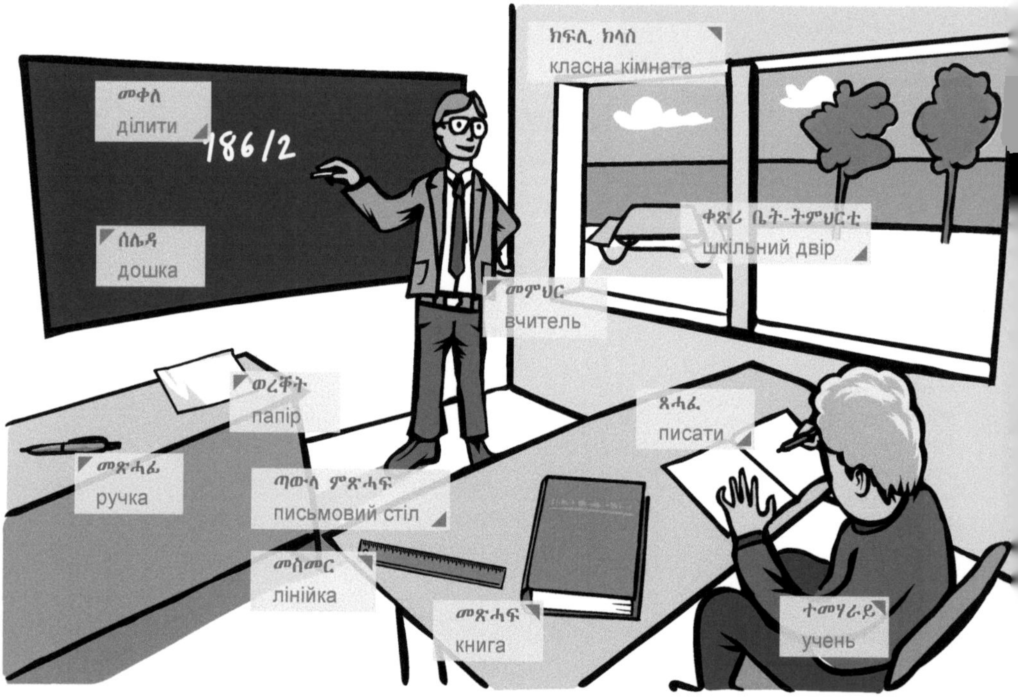

መቀለ
ділити
186/2
ሰሌዳ
дошка
ክፍሊ ክላስ
класна кімната
ቀጽሪ ቤት-ትምህርቲ
шкільний двір
መምህር
вчитель
ወረቐት
папір
ጸሓፈ
писати
መጽሓፊ
ручка
ጣውላ ምጽሓፍ
письмовий стіл
መስመር
лінійка
መጽሓፍ
книга
ተመሃራይ
учень

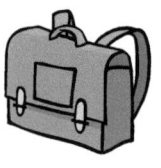

ሳንጣ ትምህርቲ

ранець

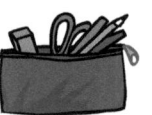

ሰፈር ብርዒ

пенал

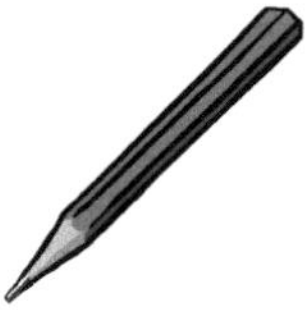

ርሳስ

олівець

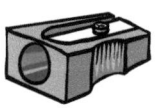

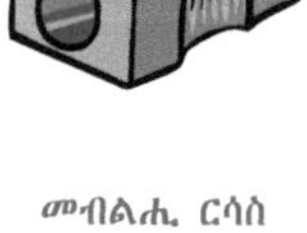

መብልሒ ርሳስ

точило

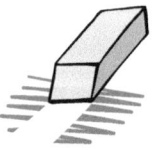

መደምሰሲ

гумка

ጥራዝ ስእሊ

альбом для малювання

ስእሊ,

малюнок

ብርዒ ቀለም

пензель

ቦክስ ቀለም

коробка фарб

መቑስ

ножиці

መጣበቒ

клей

ጥራዝ መላመዲ

зошит

ዕዮ ገዛ

домашнє завдання

12

ቑጽሪ

число

2+2

ወሰኽ

додавати

5-2

ጎደለ

віднімати

2×2

ረብሐ

множити

ደመረ

рахувати

A

ፊደል

літера

ABCDEFG
HIJKLMN
OPQRSTU
VWXYZ

ስርዓት ፊደላት

абетка

hello

ቃል

слово

ጽሑፍ

текст

አንበበ

читати

ኩርሻ

крейда

ሰዓት

година

መዝገብ ክላስ

класний журнал

መርመራ

екзамен

ሰርቲፊከት

диплом

ድቢዛ ቤትትምህርቲ

шкільна форма

ትምህርቲ

освіта

ለክሲኮን

лексикон

ዩኒቨርሲቲ

університет

ሚክሮስኮፕ

мікроскоп

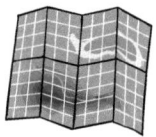

ካርታ

карта

ጎሓፍ ወረቐት

кошик для паперу

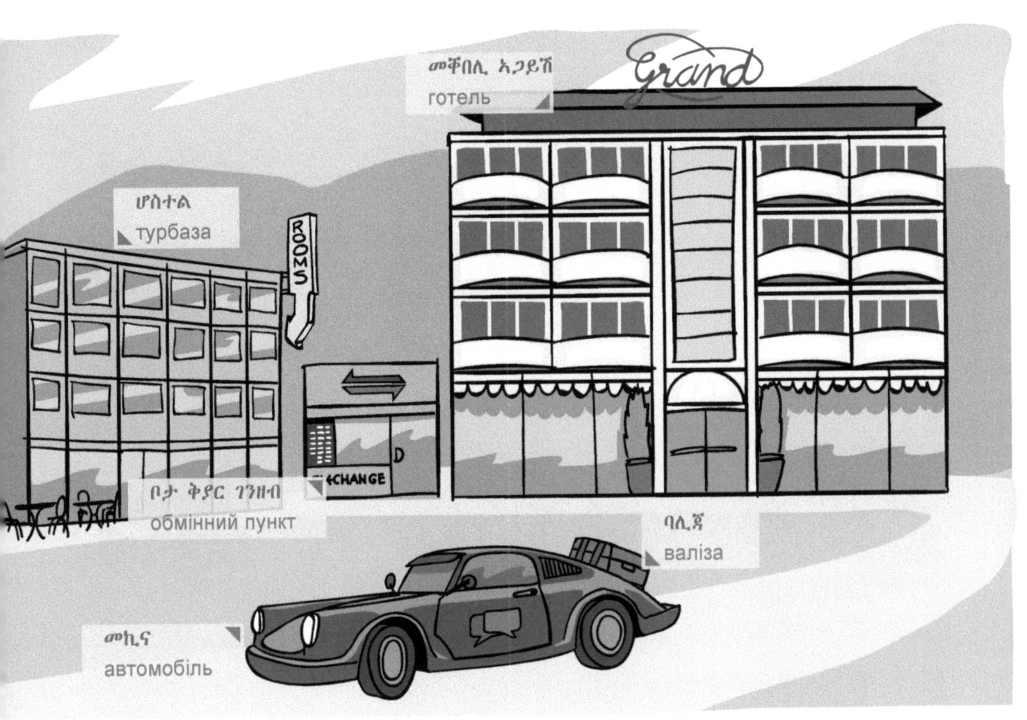

መቐበሊ ኣጋይሽ
готель
Grand
ሆስተል
турбаза
ROOMS
CHANGE
ቦታ ቅያር ገንዘብ
обмінний пункт
ባሊጃ
валіза
መኪና
автомобіль

ቋንቋ

мова

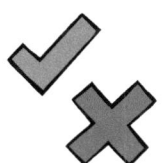

እወ / ኖ

так / ні

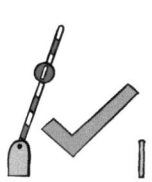

ሕራይ

добре

ሰላም

привіт

ኣስተርጓሚ

перекладач

የቐንየለይ

дякую

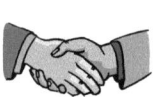

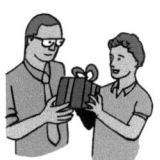

. . . ክንደይ ዋግኡ?

Скільки коштує ...?

አይተረደኣኹን

Я не розумію

ሽግር

проблема

ሰላም ምሸት!

Добрий вечір!

ከመይ ሓዲርካ

Доброго ранку!

ሰላም ለይቲ

На добраніч!

ደሓን ኩን

До побачення

አንፈት

напрямок

ጉዓዝ

багаж

ሳንጣ

сумка

ሳንጣ ሕቖ

рюкзак

ጋሻ

гість

ክፍሊ

кімната

ክሻ መደቐሲ

спальний мішок

ቴንዳ

намет

ሓበሬታ በጻሕቲ ሃገር

туристична інформація

ገምገም ባሕሪ

пляж

ክሪዲት ካርድ

кредитна картка

ቁርሲ

сніданок

ምሳሕ

обід

ድራር

вечеря

ቲከት

квиток

ሊፍት

ліфт

ማሕተም ደብዳበ

поштова марка

ዶብ

межа

ድንና

митниця

ኤምባሲ

посольство

ቪዛ

віза

ፓስፖርት

паспорт

መጓዓዝያ

транспорт

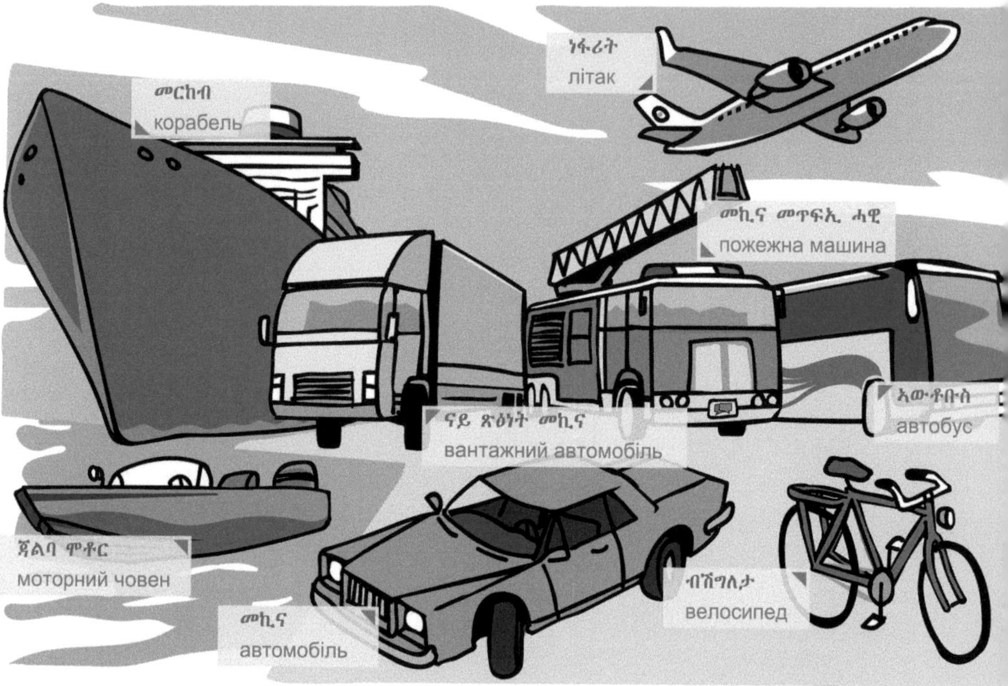
ነፋሪት
літак
መርከብ
корабель
መኪና መጥፍኢ ሓዊ
пожежна машина
ኣውቶቡስ
автобус
ናይ ጽዕነት መኪና
вантажний автомобіль
ጃልባ ሞቶር
моторний човен
ብሽግለታ
велосипед
መኪና
автомобіль

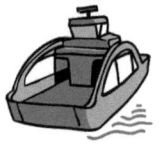

ፈሪ

пором

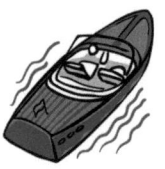

ጃልባ

човен

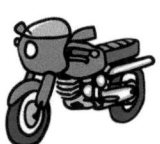

ሞቶ

мотоцикл

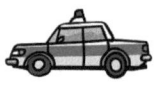

መኪና ፖሊስ

поліцейська машина

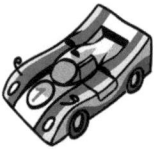

መኪና ቅድድም

гоночний автомобіль

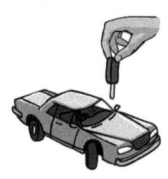

ክራይ መኪና

автомобіль на прокат

ምውፋይ መካይን
....
льне користування авто

መወሰዲ መኪና
....
евакуатор

መኪና ጎሓፍ
....
сміттєвоз

ሞቶር
....
двигун

ነዳዲ
....
паливо

እንዳ ነዳዲ
....
автозаправна станція

ምልክት ትራፊክ
....
дорожній знак

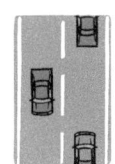

ትራፊክ
....
рух

ምጭቕጫቕ ትራፊክ
....
затор

መዐሸጊ መኪና
....
стоянка

መዕረፊ ባቡር
....
вокзал

ሓዲግ
....
рейки

ባቡር
....
потяг

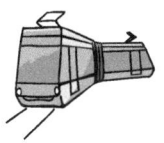

ትረም
....
трамвай

ባጎኒ
....
вагон

ሄሊኮፕተር

гелікоптер

መዓረፍ ነፈርቲ

аеропорт

ታወር

вежа

ተጓዓዚ

пасажир

ኮንተይነር

контейнер

ሳንዱቅ ካርቶን

коробка

ኮርሳ ጽዕነት

візок

ዘንቢል

кошик

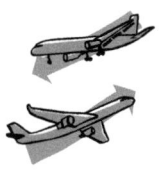

ተበገሰ / ዓለበ

стартувати / приземлятися

ከተማ

МІСТО

ቍሸት

село

ማእከል ከተማ

центр міста

ገዛ

дім

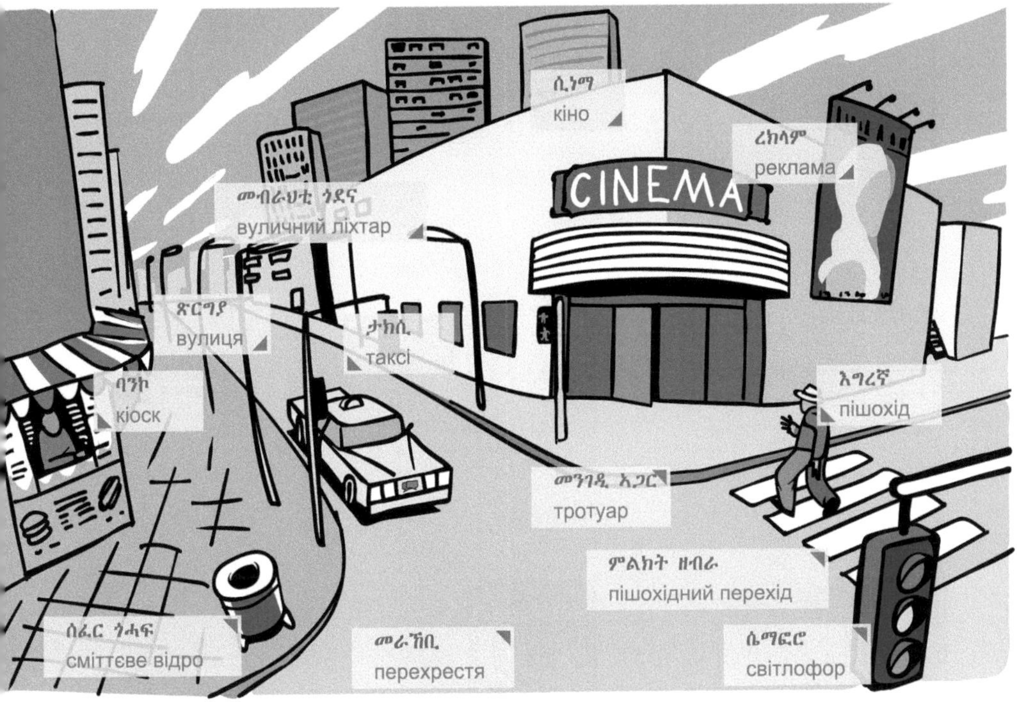
CINEMA
ሲነማ
кіно
ረክላም
реклама
መብራህቲ ጎደና
вуличний ліхтар
ጽርግያ
вулиця
ታክሲ
таксі
ባንኮ
кіоск
እግረኛ
пішохід
መንገዲ እጋር
тротуар
ምልክት ዘብራ
пішохідний перехід
ሰፈር ጎሓፍ
сміттєве відро
መራኽቢ
перехрестя
ሴማፎሮ
світлофор

ኣጕዶ

хатина

ኣፓርትመንት

квартира

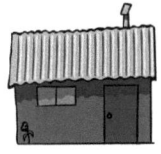

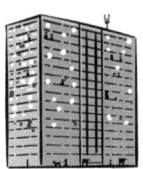

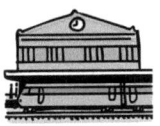

መዕረፊ ባቡር

вокзал

ቤት ምምሕዳር

ратуша

MUSEUM

ቤተ መዘክር

музей

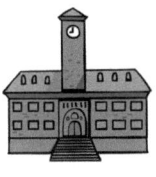

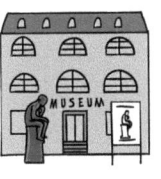

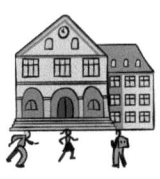

ቤት-ትምህርቲ

школа

ዩኒቨርሲቲ
....
університет

ባንክ
....
банк

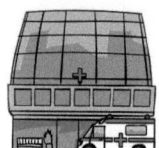

ሆስፒታል
....
лікарня

መቐበሊ ኣጋይሽ
....
готель

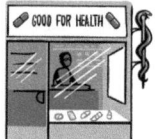

ቤት መድሃኒት
....
аптека

ቤት ጽሕፈት
....
офіс

ዱኳን መጽሐፍቲ
....
книжковий магазин

ዱኳን
....
магазин

ዱኳን ዕንባባ
....
квітковий магазин

ሱፐርማርከት
....
супермаркет

ዕዳጋ
....
ринок

ሾቕ
....
універмаг

ነጋዳይ ዓሳ
....
торговець рибою

ሾቕ
....
торговельний центр

መርሳ
....
гавань

መዘናግዒ
....
парк

ባንኪ
....
лава

ድልድል
....
міст

መደያይቦ
....
сходи

ባቡር ትሕቲ ምድሪ
....
метро

ቢንቶ
....
тунель

መዐረፊ ኣውቶቡስ
....
автобусна зупинка

ቤት መስተ
....
бар

ቤት-መግቢ
....
ресторан

ሳታሪት
....
поштова скринька

ታቤላ
....
вулична табличка

ሰዓት ፓርኪንግ
....
лічильник паркування

መካነ እንስሳታት
....
зоопарк

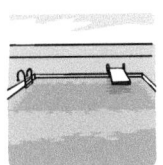

መሓምበሲ
....
басейн

መስጊድ
....
мечеть

ቤት ሕርሻ

ферма

ብከላ

забруднення навколишнього середовища

መቓብር

кладовище

ቤተክርስትያን

церква

ቦታ ምጽዋት

дитячий майданчик

ቤት መቕደስ

храм

ስእሊ መሬት

ландшафт

ኣቝጽልቲ листок

መሕበሪ መገዲ вказівний стовп

መገዲ шлях

ሻኻ луг

እምኒ камінь

ኩብላሊ мандрівник

ኣግራብ дерево

ፈለግ річка

ሳዕሪ трава

ዕንባባ квітка

ስንጭሮ
долина

ዱር
ліс

ግምቢ
замок

ዓርኮብኮባይ
пальма

ጻጻ
мурашка

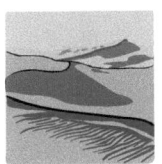

ኑበ
гора

ምድረ በዳ
пустеля

ቀስተ-ደመና
веселка

ጣንጡ
комар

ቀላይ
озеро

እሳተ-ጎመራ
вулкан

ቃንጥሻ
гриб

ሃመማ
муха

ንህቢ
бджола

ሳሬት
павук

ስእሊ መሬት - ландшафт

ሕንዚዝ
....
жук

ዕንቅርያብ
....
жаба

ምጽጹላይ
....
вивірка

ቅንፍዝ
....
їжак

ማንቲለ
....
заєць

ጉንጎ
....
сова

ጭሩ
....
птах

ስዋን
....
лебідь

መፍለስ
....
кабан

ዓጋዘን
....
олень

ሙስ
....
лось

ግድብ
....
гребля

ተርባይን ንፋስ
....
вітряк

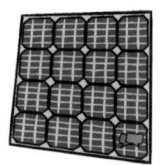

ሶላር ስርሓት
....
сонячний модуль

ኩነታት አየር
....
клімат

አሰላፊ
офіціант

ካርታ መግብታት
меню

መንበር
стілець

ፒትሳ
піца

መረቕ
суп

ክዳን ጣውላ
скатертина

መመታተሪ
столові прилади

ቅድመ ቀንዲ መግቢ
....
закуска

ቀንዲ መኣዲ
....
друга страва

ድሕረ መግቢ
....
десерт

መስተ
....
напої

መግቢ
....
їжа

ጥርሙዝ
....
пляшка

ስሉጥ መግቢ

фаст-фуд

መግቢ ጽርግያ

вулична їжа

ብርጭቆ ሻሂ

чайник

ታኒካ ሽኮር

цукорниця

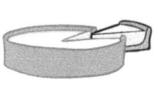

ክፋል

порція

ማሺን ኤስፕረሶ

еспресо-машина

ነዊሕ መንበር

високий стільчик

ጸብጻብ

рахунок

ታብለት

піднос

ካራ

ніж

ፋርከታ

вилка

ማንካ

ложка

ማንካ ሻሂ

чайна ложка

ሰርቭየተ

серветка

ብኬሪ

склянка

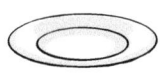

ሸሓኒ

тарілка

ሸሓኒ መረቕ

тарілка для супу

ትሕቲ ኩባያ

блюдце

ጸብሒ

соус

ወሃቢ ጨው

солонка

መጥሓን በርበረ

млин для перцю

ኣቾቶ

оцет

ዘይቲ

масло

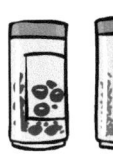

ቀመም

спеції

ከቿፕ

кетчуп

ኣድሪ

гірчиця

ማዮኔዝ

майонез

ሱፐርማርክት

супермаркет

ወፈያ
пропозиція
FOR
ዓሚል
клієнт
ፍርያታት ጸባ
молочні продукти
ፍረታት
фрукти
ሰረገላ ዱኳን
візок для покупок

BUTCHERS

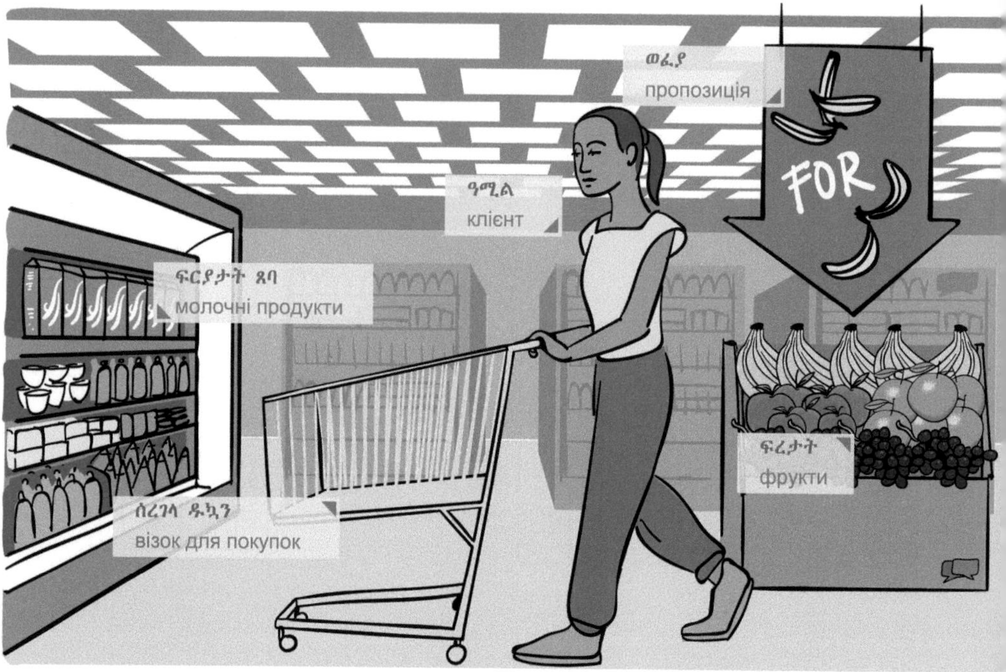

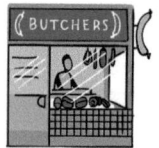

እንዳ ስጋ
....
м'ясний магазин

BAKERY

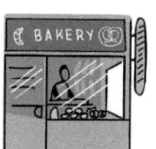

እንዳ ባኒ
....
пекарня

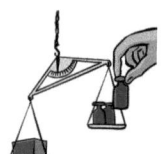

ክብደት
....
зважувати

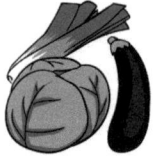

ኣሕምልቲ
....
овочі

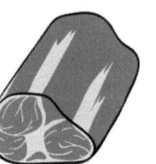

ስጋ
....
м'ясо

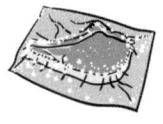

መግቢ ፍሪጅ በረድ
....
заморожені продукти

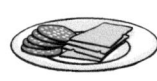

ዝሑል ቅሩብ መግቢ
....
ковбасна нарізка

እስቃጥላ
....
консерви

ኦሞ
....
пральний порошок

ምቁር መግቢ
....
солодощі

ዘቤታውያን ኣቑሑ
....
предмети домашнього побуту

ናውቲ መጽረዪ
....
мийний засіб

ሸቃጣይ
....
продавщиця

ካሳ
....
каса

ተሓዚ ገንዘብ
....
касир

ዝርዝር ምግዛእ
....
список покупок

ክፉት ሰዓታት
....
часи роботи

ማሕፉዳ
....
гаманець

ክረዲት ካርድ
....
кредитна картка

ሳንጣ
....
сумка

ፌስታል
....
поліетиленовий пакет

ማይ

вода

ጽማቊ

сік

ጸባ

молоко

ኮላ

кола

ነቢት

вино

ቢራ

пиво

አልኮል

алкоголь

ካካው

какао

ሻሂ

чай

ቡን

кава

ኤስፕረሶ

еспресо

ካፑቺኖ

капучіно

ባናና

банан

ቱፋሕ

яблуко

አራንሺ

апельсин

ብርጭቆ

кавун

ለሚን

лимон

ካሮት

морква

ጾዳ ሽጉርቲ

часник

ባምቡስ

бамбук

ሽጉርቲ

цибуля

ቅንጥሻ

гриб

ፉል

горішки

ፓስታ

локшина

ስፓገቲ
спагеті

ሩዝ
рис

ሰላጣ
салат

ቅልዋ ድንሽ
картопля фрі

ቅሉው ድንሽ
смажена картопля

ፒትሳ
піца

ሃምቡርገር
гамбургер

ፓኒኖ
бутерброд

ቢስተካ
шніцель

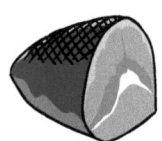

ሰለፍ ሓሰማ
шинка

ሳላሚ
салямі

ግዕዝም
ковбаса

ደርሆ
курка

ቀለወ
печеня

ዓሳ
риба

ገብስ
....
вівсяні пластівці

ሙስሊ
....
мюслі

ኮርንፍለይክስ
....
кукурудзяні пластівці

ሓርጭ
....
борошно

ክሮሶን
....
круасан

ባኒ
....
булочка

ባኒ
....
хліб

ቶስት
....
тостовий хліб

ብሽኮቲ
....
печиво

ጠስሚ
....
масло

ርጓ
....
сир

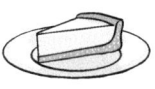

ፓስተ
....
пиріг

እንቋቍሖ
....
яйце

ቅሉው እንቋቍሖ
....
яєчня

ፋርማጆ
....
сир

መግቢ - їжа

አይስ ክሪም
....
морозиво

ሽኮር
....
цукор

መዓር
....
мед

ጃም
....
мармелад

ኑጋት-ክሪም
....
нуга-крем

ኩሪ
....
карі

ቤት ሕርሻ

ферма

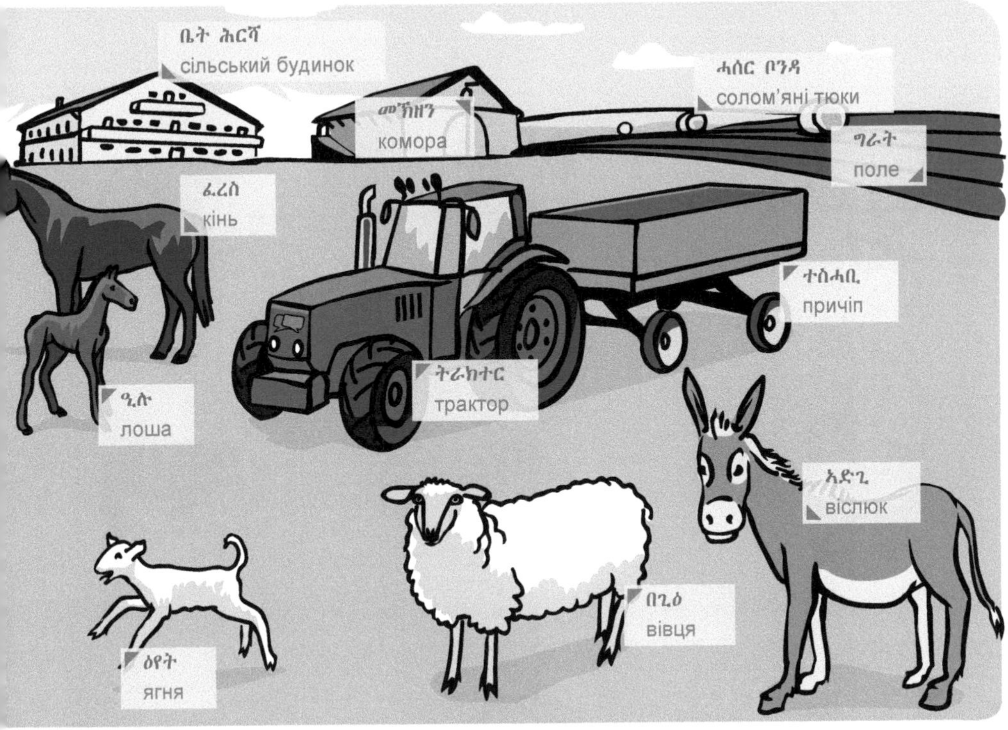
ቤት ሕርሻ
сільський будинок
ሓሰር ቦንዳ
солом’яні тюки
መኽዘን
комора
ግራት
поле
ፈረስ
кінь
ተስሓቢ
причіп
ትራክተር
трактор
ዒሉ
лоша
ኣድጊ
віслюк
በጊዕ
вівця
ዕየት
ягня

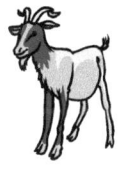

ጤል

коза

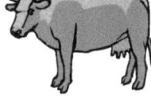

ብዕራይ

корова

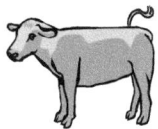

ምራኽ

теля

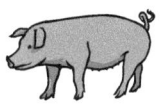

ሓሰማ

свиня

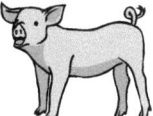

ውላድ ሓሰማ

порося

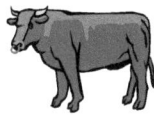

ኣርሓ

бик

ዓሳ

гусак

ማይ ደርሆ

качка

ጫቑሳት

курча

ደርሆ

курка

እርሓ ደርሆ

півень

እንጨዋ ዓባይ

щур

ድሙ

кіт

እንጭዋ

миша

ብዕራይ

віл

ከልቢ

собака

ኣጉዶ ከልቢ

собача будка

ቱባ ጀርዲን

садовий шланг

መዝፈፊ ማይ

лійка

ዓቢ ማዕጺድ

коса

ማሕረሻ

плуг

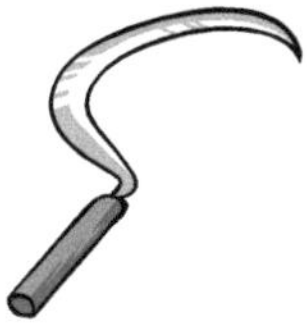

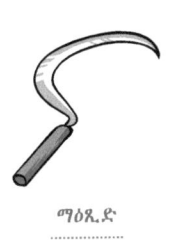

ማዕጺድ
серп

ጭኽሮ
мотика

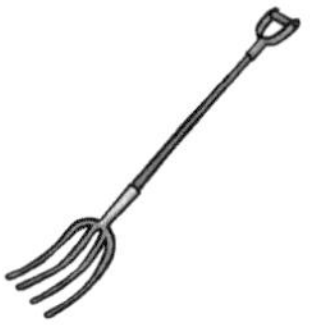

መስአ
вила

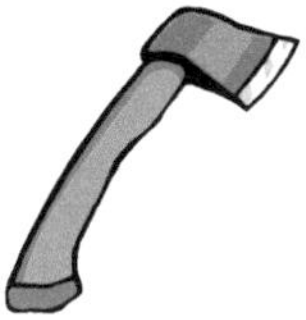

ፋስ
сокира

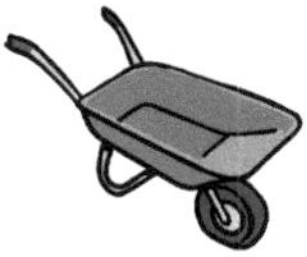

ዓረብያ ኢድ
тачка

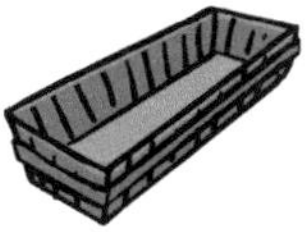

ጋብላ
корито

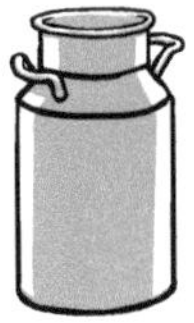

ብርጭቆ ጸባ
бідон молока

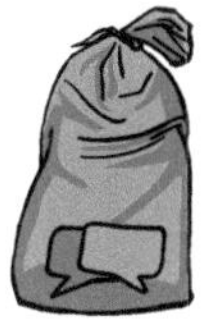

ክሻ
мішок

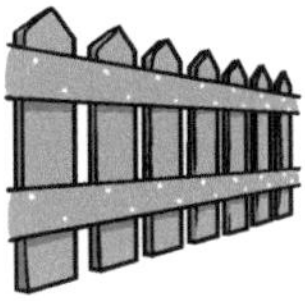

ሓጹር
паркан

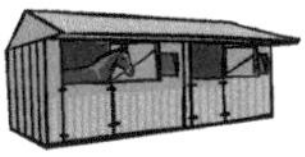

መጓሰስ
хлів

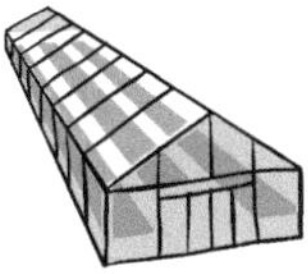

ቆጠልያ ገዛ
теплиця

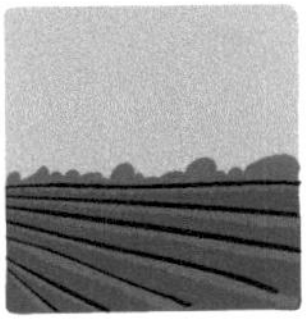

ባይታ
ґрунт

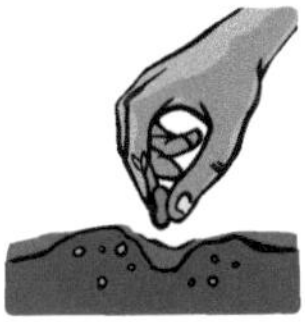

ዘርኢ
насіння

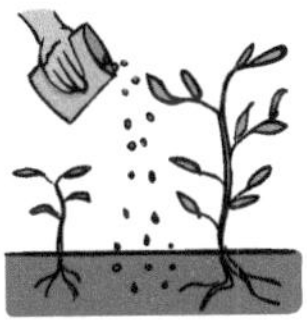

ድኹዒ
добриво

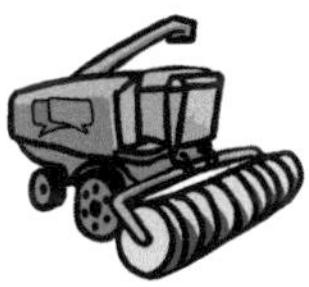

ዘጣምር ቀውዓይ
комбайн

ቀውዐ

пожинати

ጻማ

урожай

ድንሽ ያም

корінь ямсу

ስርናይ

пшениця

ሶያ

соя

ድንሽ

картопля

ዕፉን

кукурудза

ራፕስ

ріпак

ገረብ ፍረታት

плодове дерево

ማኒኦክ

маніок

አእኻል

злаки

ገዛ

дім

መውጽእ ትኪ
димохід
ናሕሲ
дах
መውሓዝ ዝናብ
водостічний лоток
መስኮት
вікно
ጋራጅ
гараж
ጭር መበሊት
дзвінок
ማዕጾ
двері
ኍሓፍ መገለል
відро для сміття
ቦክስ ደብዳበ
поштова скринька
ጀርዲን
сад

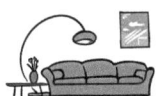

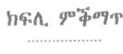

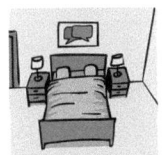

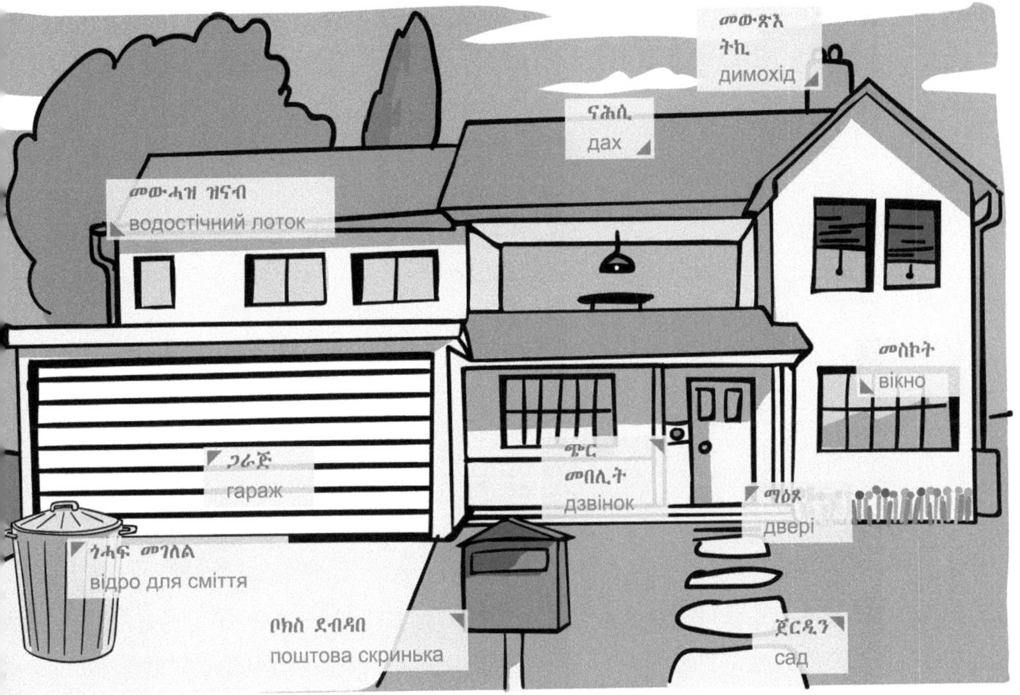

ክፍሊ ምቕማጥ

....

вітальня

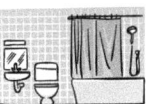

ክፍሊ ባንዮ

....

ванна кімната

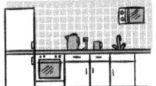

ክሽነ

....

кухня

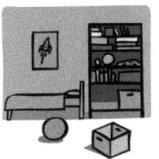

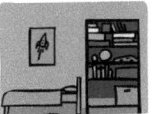

ክፍሊ መደቀሲ

....

спальня

ክፍሊ ቆልዑ

....

дитяча кімната

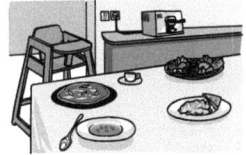

መመገቢ ክፍሊ

....

їдальня

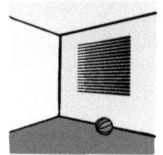

ባይታ

підлога

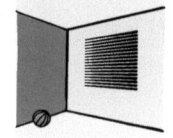

መንደቅ

стіна

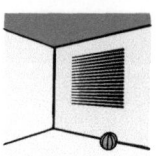

ከቦርታ

стеля

ካንቲና

підвал

ሳውና

сауна

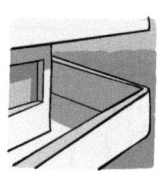

ባልኮን

балкон

ዛላ

тераса

መሕምበሲ

басейн

መቑረጺ ሳዕሪ

косарка

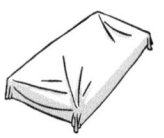

ኣንሶላ ዓራት

простирало

ከቦርታ ዓራት

ковдра

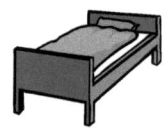

ዓራት

ліжко

መኾስተር

мітла

መገለል

відро

መወልዒት

перемикач

ክፍሊ ምቕማጥ

вітальня

ወረቐት መንደቕ
шпалери
ስእሊ
малюнок
ላምፓ
лампа
ከብሒ
поличка
ከብሒ
шафа
ተለቪዥን
телевізор
መውጽኢ ትኪ ኣብ ገዛ
камін
ዕንባባ
квітка
መተርኣስ
подушка
ሳሎን
диван
ባዞ
ваза
ሪሞት
пульт

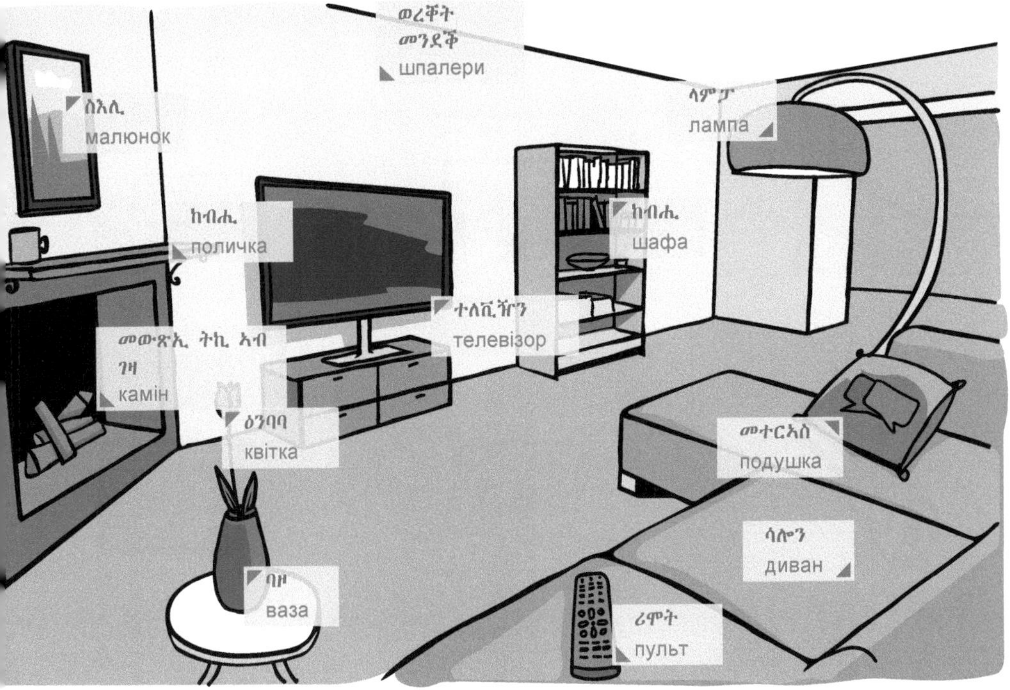

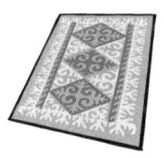

መንጸፍ

килим

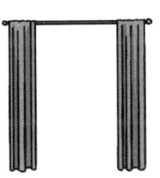

መጋረጃ

завіса

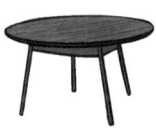

ጣውላ

стіл

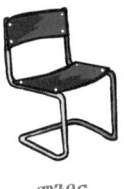

መንበር

стілець

ሰለል ዝብል መንበር

крісло-гойдалка

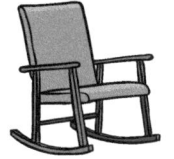

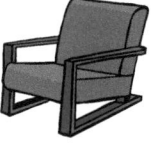

መንበር ምቹእ

крісло

መጽሓፍ

книга

ከቦርታ

ковдра

ስልማት

прикраса

እንጨይቲ ሓዊ

дрова

ፊልም

фільм

ስተረዮ

стереосистема

መፍትሕ

ключ

ጋዜጣ

газета

ቅብኣ

картина

ፖስተር

плакат

ሬድዮ

радіо

ጥራዝ

блокнот

መልገሲ ደሮና

пилосос

በለስ

кактус

ሽምዓ

свічка

ክሽነ
кухня

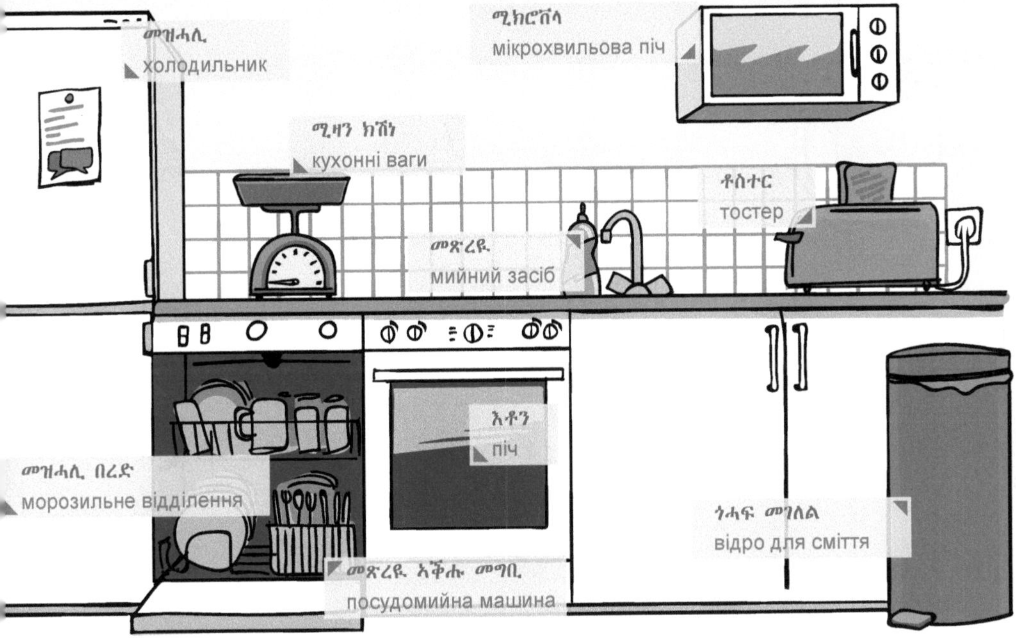

ሚክሮቨላ
мікрохвильова піч
መዝሓሊ
холодильник
ሚዛን ክሽነ
кухонні ваги
ቶስተር
тостер
መጽረዪ
мийний засіб
እቶን
піч
መዝሓሊ በረድ
морозильне відділення
ጎሓፍ መገለል
відро для сміття
መጽረዪ ኣቕሑ መግቢ
посудомийна машина

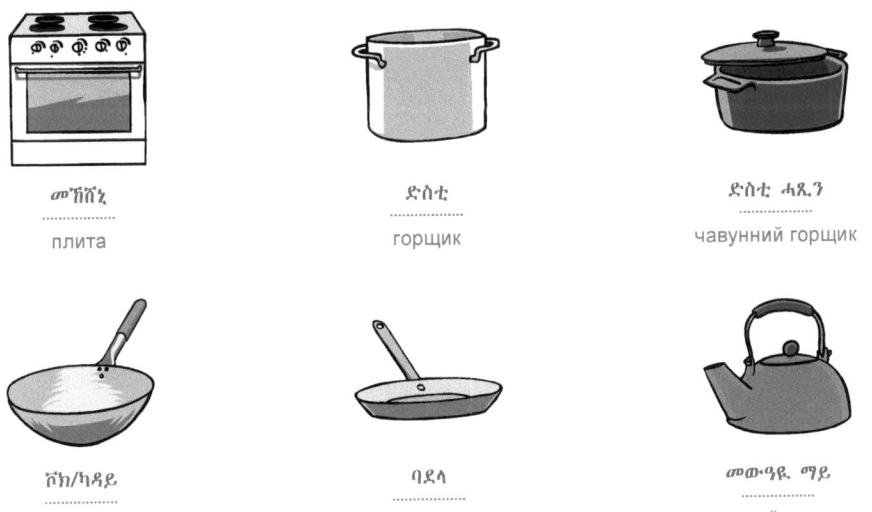

መኽሸኺ
....
плита

ድስቲ
....
горщик

ድስቲ ሓጺን
....
чавунний горщик

ቮክ/ካዳይ
....
вок / кадай

ባደላ
....
сковорода

መውዓዪ ማይ
....
чайник

መፍልሒ
....
пароварка

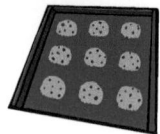

ጎንቴራ ምስንካት
....
лист

ኣቑሑ መግቢ.
....
посуд

ብርጭቆ
....
кухоль

ጭሓሎ
....
чаша

ማንካቺና
....
палички для їжі

ማንካ መረቕ
....
черпак

መገልበጢ. ባደላ
....
лопатка

መኸስተር ውርጪ.
....
вінчик для збивання

መንፈት መግቢ.
....
сито

መንፈት
....
сито

መፋሕፍሒ
....
терка

ሞርታር
....
ступка

ባርቢኪዩ
....
барбекю

ስፍራ ሓዊ
....
багаття

እንጨይቲ ምምታC
....
дошка

እንጨይቲ ኩረር
....
качалка

መኽፈት ቡሽ
....
штопор

ታኒካ
....
консерва

መኽፈቲ ታኒካ
....
відкривачка

ጨርቂ ድስቲ
....
прихватки

ቡምባ
....
раковина

ኣስባስላ
....
щітка

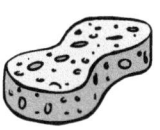

ሰፍነግ
....
губка

ሓዋሲ ኣደባላኝ
....
міксер

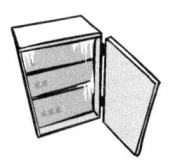

መዝሓሊ በረድ
....
морозильна камера

ጥርሙዝ ማማይ
....
дитяча пляшка

ቡምባ ማይ
....
кран

ክፍሊ ባንዮ

ванна кімната

መውዓዪ
опалення
ሽጎማኖ
рушник
መሕጸቢ ሻወር
душ
ሻወር መጋረጃ
душова завіса
መሕጸቢ ዓፍራ
пінистa ванна
ባንዮ መሕጸቢ
ванна
ብኬሪ
склянка
ሓጻቢት
пральна машина
ቡምባ ማይ
кран
ማቶነላ
плитка
ድስቲ
горшок
ቡምባ
раковина

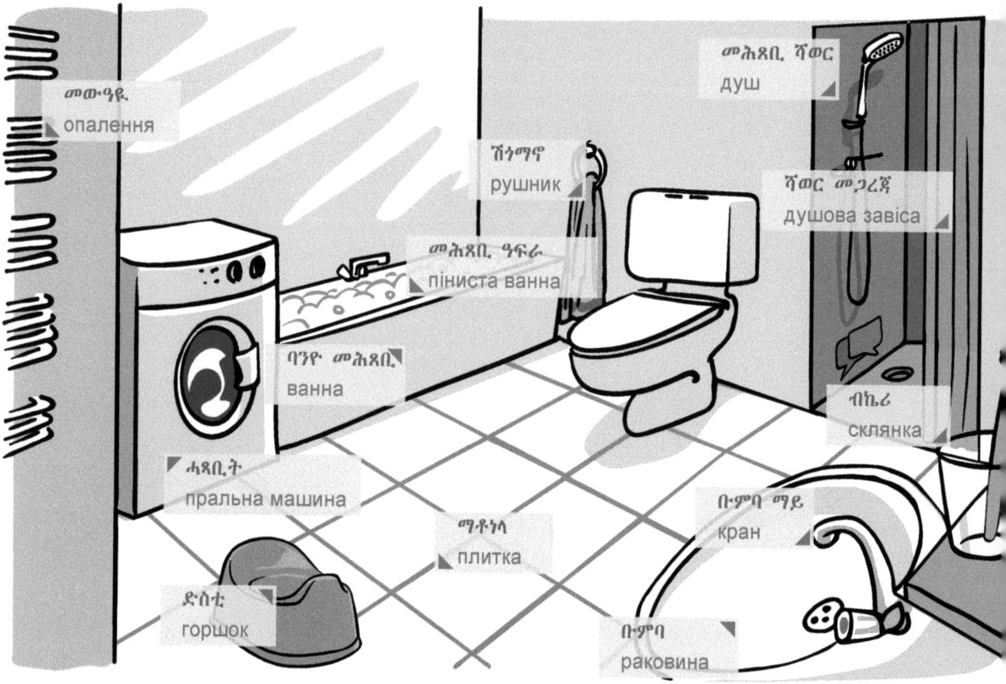

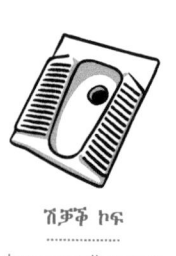

ሽቓቕ

туалет

ሽቓቕ ኮፍ

підлоговий туалет

በዱ

біде

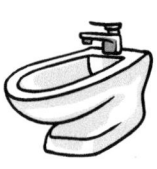

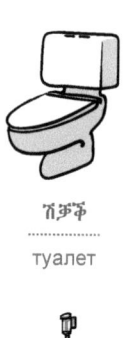

ሽቃቕ ተባዕታይ

пісуар

ወረቐት ሽቓቕ

туалетний папір

ኣስባስላ ሽቓቕ

щітка для туалету

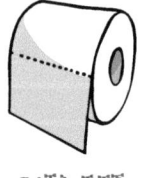

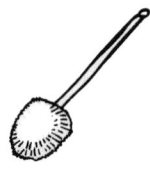

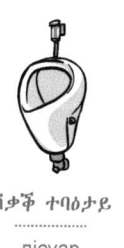

አስባስላ ስኒ
....
зубна щітка

ክሬማ ስኒ
....
зубна паста

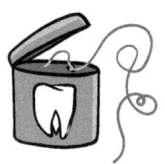

ሃር ስኒ
....
нитка для чищення зубів

ሓጸብ
....
мити

ዱሽ ኢ.ድ
....
ручний душ

ዱሽ
....
інтимний душ

ብርጭቆ ምሕጸብ
....
таз

አስባስላ ሕቖ
....
щітка для спини

ሳምና
....
мило

ሻወር ጀል
....
гель для душу

ሻምፑ
....
шампунь

ጨርቂ መሕጸቢ
....
мочалка

መውሓዚ
....
водостік

ክሬማ
....
крем

ደዮ ጨና
....
дезодорант

መስትያት

дзеркало

ናይ ኢድ መስትያት

косметичне дзеркало

መላጸ

бритва

ዓፍራ ምልጻይ

піна для гоління

ጨና ድሕሪ ምልጻይ

лосьйон після гоління

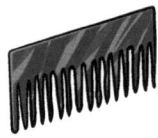

መመሸጥ

гребінь

ኣስባስላ

щітка

መንቐጺ ጸግሪ

фен

ስፕረይ ጸግሪ

лак для волосся

መመላኽዒ

косметика

ብርዒ ቀለም ከንፈር

губна помада

ኣዝማልቶ

лак для нігтів

ጸምሪ ጡጥ

вата

መስደዲ ጽፍሪ

ножиці для нігтів

ጨና

парфум

ሳንጣ መሕጸቢ
косметичка

ድኳ
табурет

ሚዛን
ваги

ክዳን መሕጸቢ
халат

ጎንቲ መጻረዪ
гумові рукавички

ታምፖን
тампон

ጨርቂ ሰበይቲ
гігієнічні прокладки

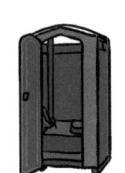

ሽቓቕ ከሚስትሪ
біотуалет

ክፍሊ ቆልዑ

дитяча кімната

ኣላርም
መተስኢ
будильник
መጻወቲ እንስሳ
м'яка іграшка
መጻወቲ መኪና
іграшковий автомобіль
ኳሕኳሕ መበሊ
брязкальце
ቤት ባምቡላ
ляльковий будиночок
ህያብ
подарунок

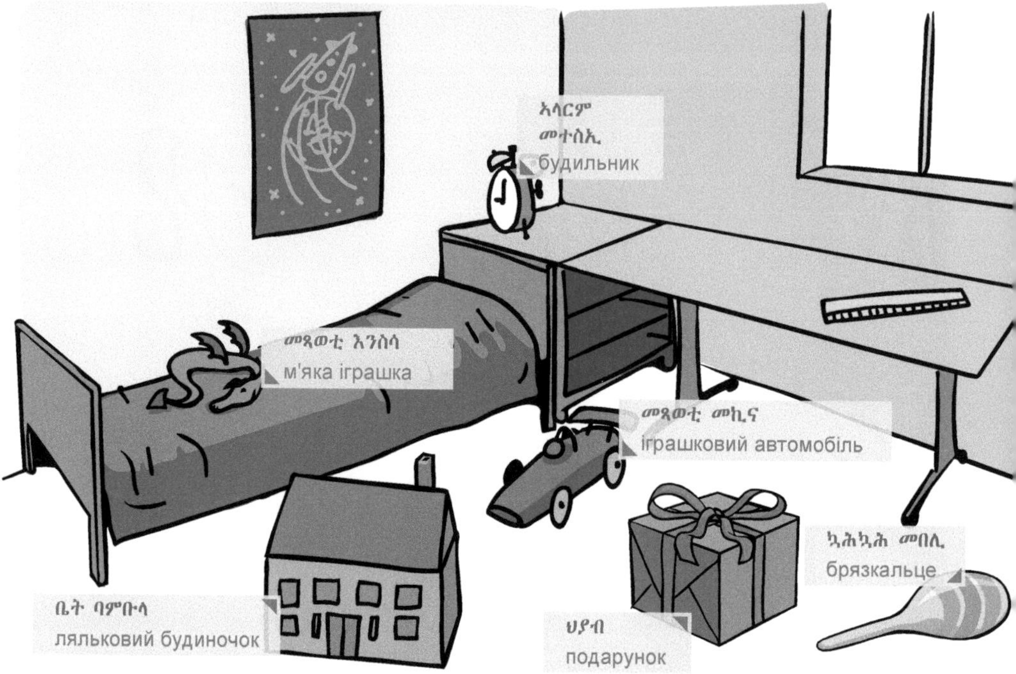

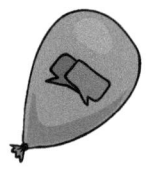

ባላንችና

повітряна кулька

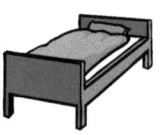

ዓራት

ліжко

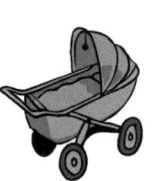

ሰረገላ ህጻን

дитячий візок

ጸወታ ካርታ

картярська гра

ሕንቅሊተይ

пазл

SUPER
MEGA

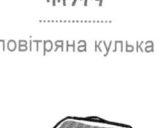

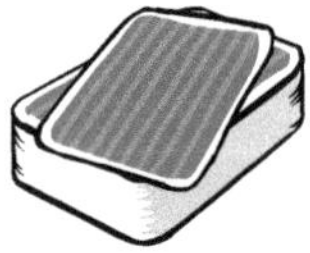

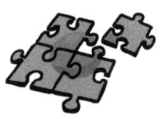

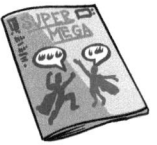

ኮሚዲ

комікс

እምንታት መጸወቲ ለጎ
....
лего цеглинки

መጸወቲ እምንታት
....
блоки

በዓል አክቼን
....
іграшкова фігурка

ክዳን ማማይ
....
повзунки

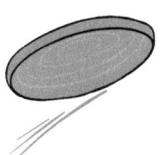

ፍሪስቢ
....
фризбі

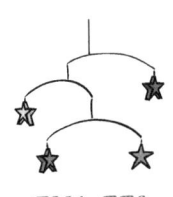

ሞባይል ማማይ
....
мобіле

ጸወታ ሰሌዳ
....
настільна гра

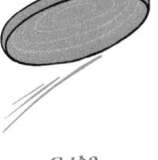

ኩቦ
....
кубик

ሞደል ባቡር ምድሪ
....
модель залізнична станція

ዓባስ
....
соска

ፓርቲ
....
вечірка

መጽሓፍ ስእሊ
....
книжка з картинками

ኩዕሶ
....
м'яч

ባምቡላ
....
лялька

ተጸወተ
....
грати

መጻወቲ ሓጺ

пісочниця

ሰላል

гойдалка

መጻወቲታት

іграшка

ኮንሶል ቪድዮ

гральна консоль

መጻወቲ ሰለስተ መንኮርኮር

триколісний велосипед

ተዴ

плюшевий мішка

ከብሒ ክዳን

шафа

ክዳን

ОДЯГ

ካልስታት

шкарпетки

ነዊሕ ካልስታት

панчохи

ስረ ካልሲ

колготки

ሻርባ
шарф

ጽላል
парасоля

ፋልፈ
ремінь

ማልያ
футболка

ሰኔከርስ
кросівки

ረፉዕ
чоботи

ጫማ ገዛ
домашнє взуття

ሻበጥ
сандалі

ጫማ
взуття

ረፉዕ ጎማ
гумові чоботи

ሙታንታ
труси

ከዳን ጡብ
бюстгальтер

ትሕተ ካሚቻ
нижня сорочка

ቦዲ

боді

ስራ

штани

ጂንስ

джинси

ቀሚሽ

спідниця

ካምቻ

блузка

ካሚቻ

сорочка

ጉልፎ

пуловер

ጎልፎ

светр

ጃኬት

піджак

ጃከት

куртка

ጁባ

пальто

ክዳን ዝናብ

дощовик

ኮስቱም

костюм

ቀሚሽ

сукня

ቀሚሽ መርዓ

весільна сукня

ልብሲ.

костюм

ካሚቻ ለይቲ

нічна сорочка

ክዳን ለይቲ

піжама

ሳሪ

сарі

መሃረብ ርእሲ.

головна хустка

ቱርባን

чалма

ቡርካ

бурка

ካፍታን

кафтан

አባያ

абая

ክዳን መሕምበሲ.

купальник

ስረ መሕምበሲ.

плавки

ሓጺር ስረ

шорти

ክዳን ታዕሊም

тренувальний костюм

በጃ ክዳን

фартух

ጓንቲ

рукавички

መልጎም

гудзик

መነጽር

окуляри

በንናጅር

браслет

ማዕተብ

ланцюг

ቀለበት

кільце

ኩትሻ

сережка

ቆብዕ

шапка

መንበሪ ጁባ

плічка

ባርኔጣ

капелюх

ካርራሻት

краватка

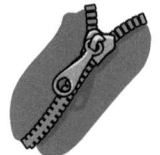

ሻርኔጣ

застібка-блискавка

ሀልሞት

шолом

መድልደል ስረ

підтяжки

ድቢዛ ቤትትምህርቲ

шкільна форма

ድቢዛ

уніформа

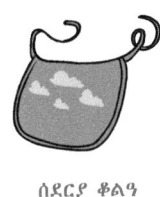

ሰደርያ ቆልዓ

нагрудник

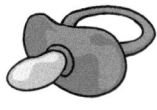

ዓባስ

соска

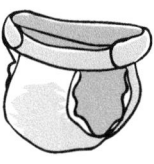

ጨርቂ ማማይ

підгузок

ቤት ጽሕፈት

офіс

ሰርቨር
сервер
ክብሒ ሰነድ
шаф для документів
ፕሪንተር
принтер
ወረቐት
папір
ሞኒቶር
монітор
ጣውላ ምጽሓፍ
письмовий стіл
ኣንጭዋ
миша
ሓቖፌ
папка
ኪቦርድ
синтезатор
ጎሓፍ ወረቐት
кошик для паперу
መንበር
стілець
ኮምፒተር
комп'ютер

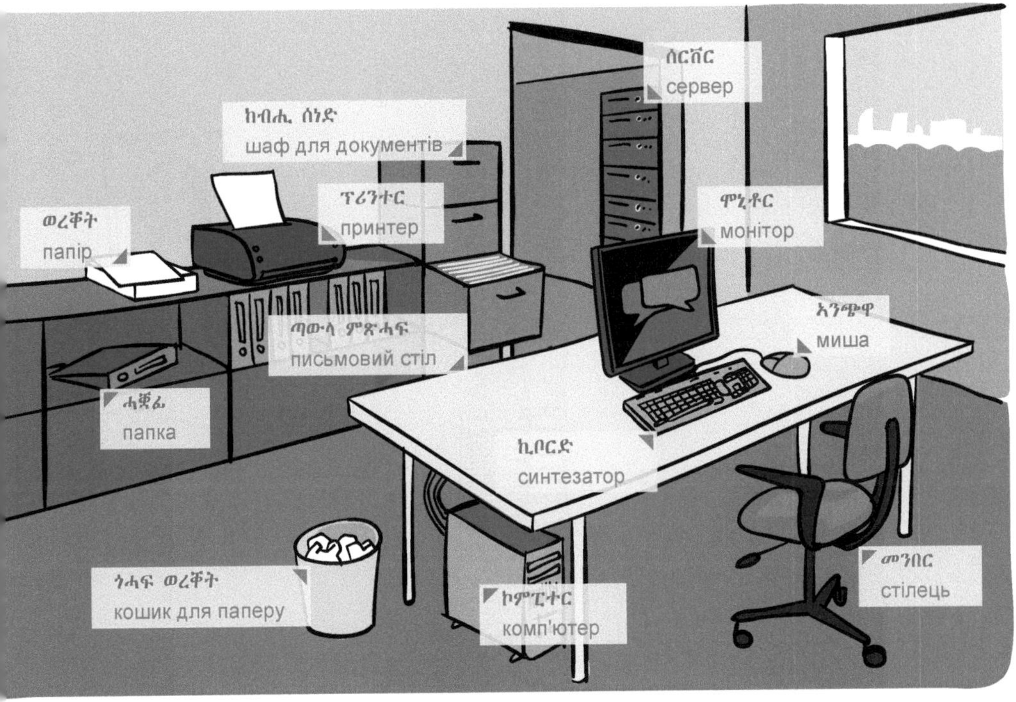

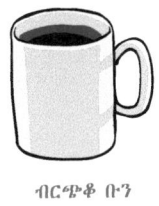

ብርጭቆ ቡን

кавовий кухоль

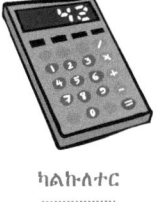

ካልኩለተር

калькулятор

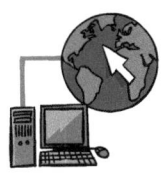

ኢንተርነት

інтернет

ላፕቶፕ
ноутбук

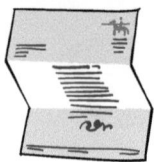

ደብዳበ
лист

መልእኽቲ
повідомлення

ሞባይል
мобільний телефон

ነትወርክ/መርበብ
мережа

መቕድሒ ፎቶኮፒ
копіювальний пристрій

ሶፍትዌር
програмне забезпечення

ተለፎን
телефон

ሶከት ኻረንቲ
розетка

ፋክስ
факс

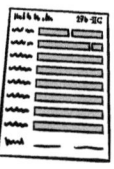

ፎርም
бланк

ሰነድ
документ

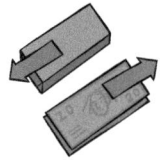

ገዝአ

купувати

ከፈለ

платити

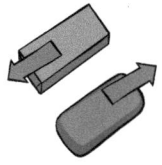

ንግዴ

торгувати

ገንዘብ

гроші

ዶላር

долар

አይሮ

євро

የን

ієна

ሩብል

рубль

ስዊዝ ፍራንክን

франк

ረንሚንቢ የዋን

юанів женьміньбі

ሩፐየ

рупія

መውጽኢ ማሺን ገንዘብ

банкомат

በታ ቅያር ገንዘብ

обмінний пункт

ወርቂ

золото

ብሩር

срібло

ዘይቲ

нафта

ሓይሊ

енергія

ዋጋ

ціна

ውዕል

контракт

ቀረጽ

податок

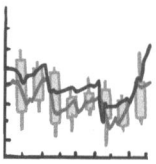

እኩብ ጥረ-ነገራት

акція

ሰርሐ

працювати

ሰራሕተኛ

працівник

ኣስራሒ

роботодавець

ትካል

фабрика

ዱኳን

магазин

በዓል ፖሊስ
поліцейський

መጠፊኢ ሓዊ
пожежник

ከሻኒ
повар

ሓኪም
лікар

መራሒ ነፋሪት
пілот

ሰራሕተኛ ጀርዲን
садівник

ጸራቢ ዕንጸይቲ
столяр

ሰፋይት
швачка

ፈራዶይ
суддя

ቀማሚ
хімік

ተዋሳኢ
актор

መራሒ አዉቶቡስ
....
водій автобуса

አዉቲስታ ታክሲ
....
таксист

ገፋፊ ዓሳ
....
рибалка

ጸራጊት
....
прибиральниця

ሃናጺ ናሕሲ
....
покрівельник

አሰላፊ
....
офіціант

ሃዳናይ
....
мисливець

ሰኣላይ
....
художник

እንዳ ሕብስቲ
....
пекар

ኤለትሪከኛ
....
електрик

ሃናጺ አባይቲ
....
будівельник

ሃንዳሲ
....
інженер

ሰራሕተኛ እንዳ ስጋ
....
забійник

ድራብሊኮ
....
бляхар

አማላላሲ ፖስጣ
....
листоноша

ወተሃደር

солдат

መሃንድስ

архітектор

ተሓዝ ገንዘብ

касир

ሰራሕተኛ ዕምባባ

флорист

ቀምቃማይ

перукар

ፈተሪኖ

кондуктор

መካኒክ

механік

መራሒ መርከብ

капітан

ሓኪም ስኒ

дантист

ተመራማሪ

вчений

ራቢ

рабин

ኢማም

імам

ፈላሲ

монах

ቀሺ

пастор

ናውቲ
інструменти

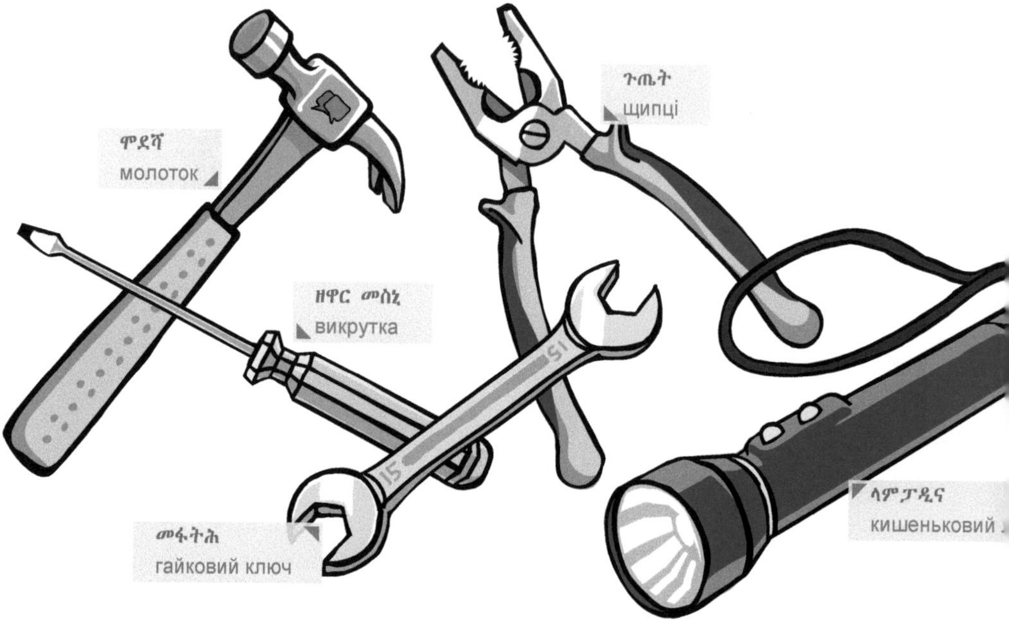

ሞደሻ
молоток
ጉጤት
щипці
ዘዋር መስኒ
викрутка
መፋትሕ
гайковий ключ
ላምፓዲና
кишеньковий

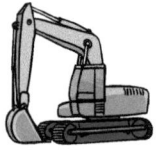

ፈሓሪ

екскаватор

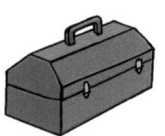

ናውቲ ቦክስ

ящик для інструментів

መደያይቦ

драбина

መጋዝ

пилка

መስማር

цвяхи

ኲዓቲ

свердло

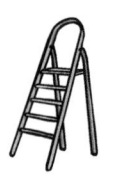

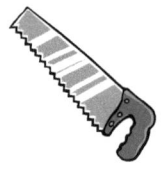

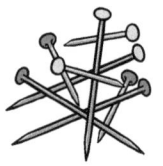

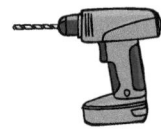

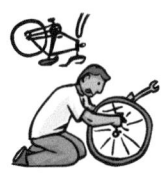

ምዕራይ

ремонтувати

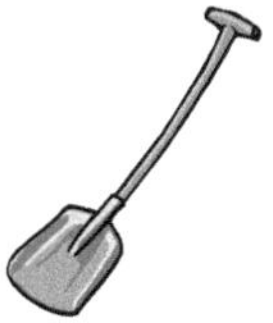

ባደላ

лопата

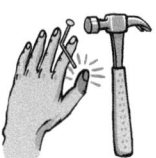

ኣይ!

лайно!

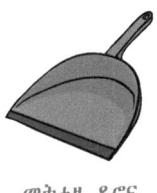

መትሓዚ ዶሮና

совок

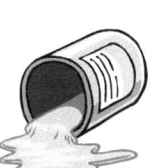

ድስቲ ቀለም

відро з фарбою

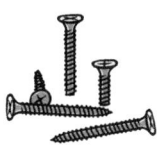

ካቻቢተ

гвинти

መሳርሒ ሙዚቃ

музичні інструменти

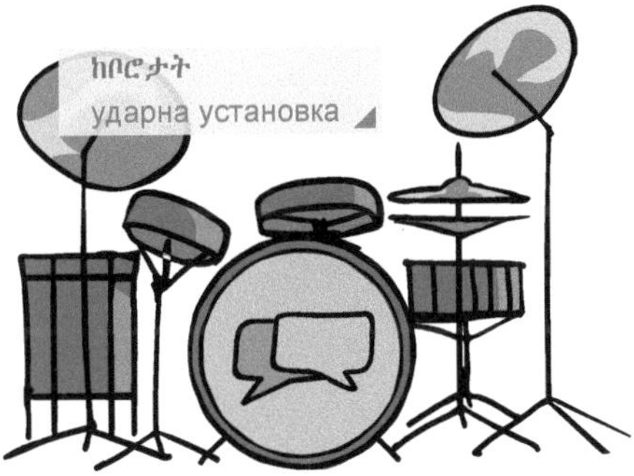

ከቦሮታት

ударна установка

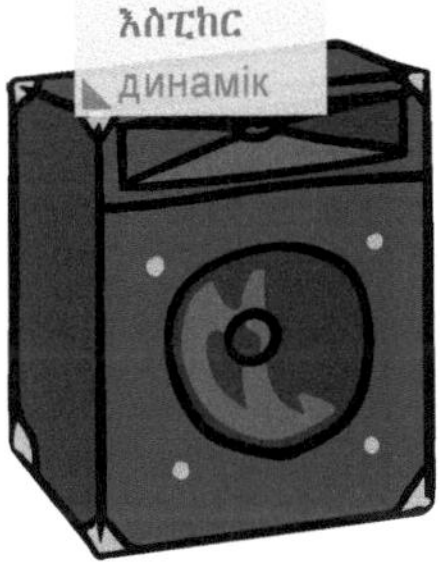

እስፒከር

динамік

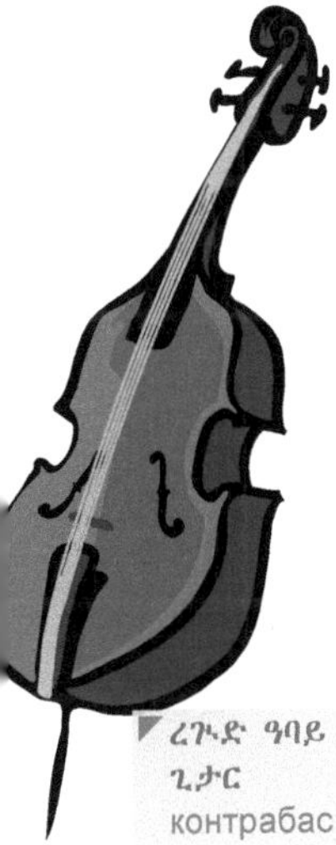

ረጕድ ዓባይ ጊታር

контрабас

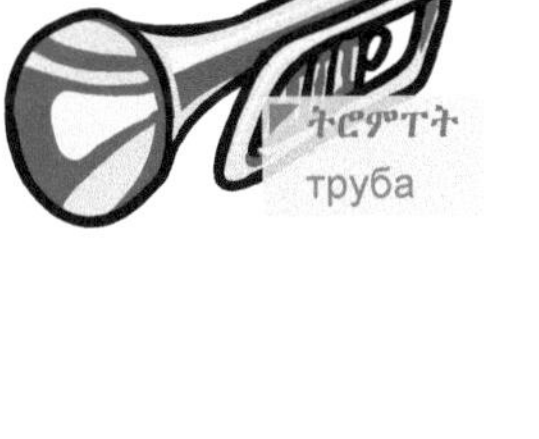

ትሮምፐት

труба

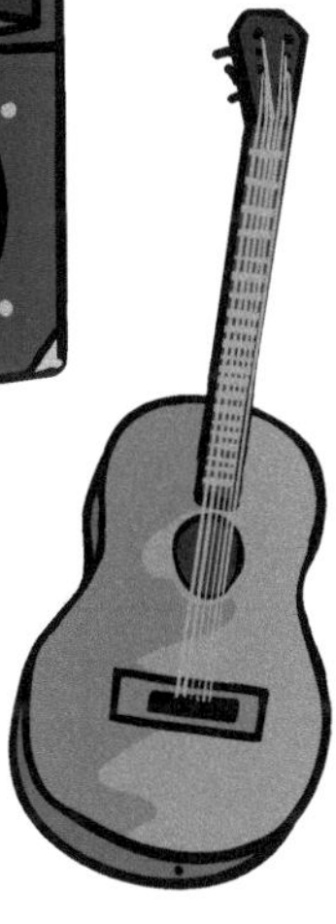

ጊታር

гітара

ፒያኖ
....
фортепіано

ቫዮሊን
....
скрипка

ባስ ጊታር
....
бас

ቲምናኢ.
....
литаври

ከቦሮ
....
барабан

ኦርጋን
....
клавіатура

ሳክሶፎን
....
саксофон

ሻምብቆ
....
флейта

ሚክሮፎን
....
мікрофон

መካነ እንስሳታት

зоопарк

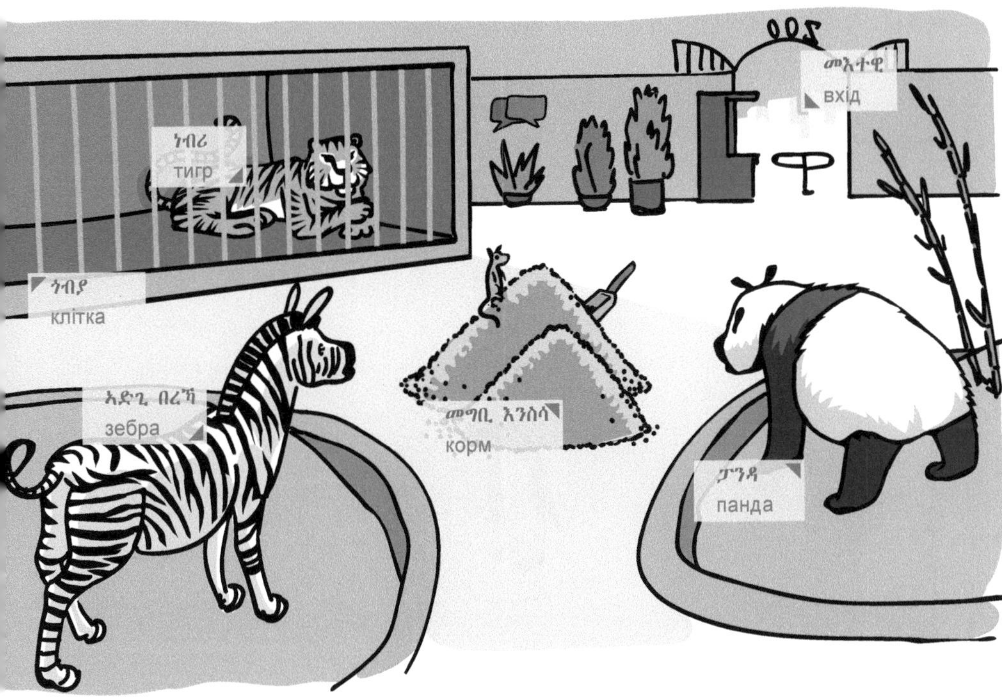
መእተዊ
вхід
ነብሪ
тигр
ጎብያ
клітка
ኣድጊ በረኻ
зебра
መግቢ እንስሳ
корм
ፓንዳ
панда

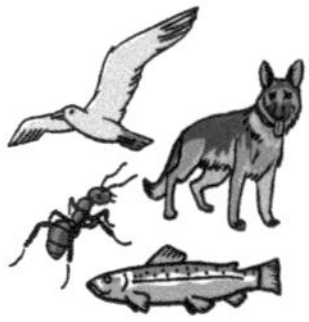

እንስሳታት

тварини

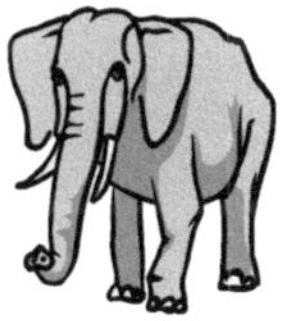

ሓርማዝ

слон

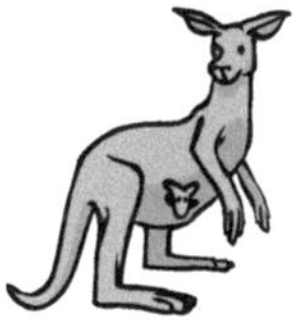

ካንጋሩ

кенгуру

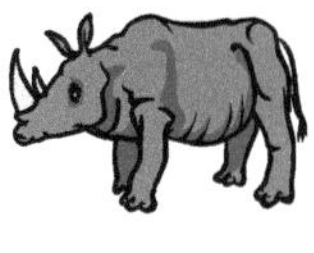

ሓሪሽ

носоріг

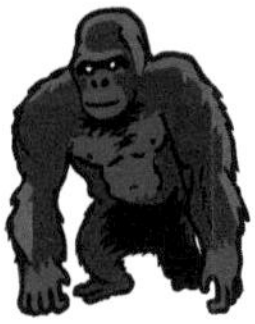

ጉሪላ

горила

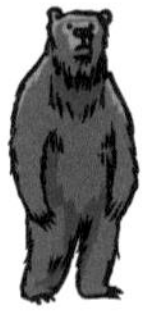

ድቢ

ведмідь

ገመል

верблюд

ሰገን

страус

አንበሳ

лев

ህበይ

мавпа

ፍላሚንጎ

фламінго

ሕንጻይ

папуга

ድቢ በረድ

білий ведмідь

ፐንጒን

пінгвін

ከልቢ ዓሳ

акула

ጣውስ

павич

ተመን

змія

ሓርጌጽ

крокодил

ሓላዊ ቤት ገርድሽ

працівник зоопарку

ዓሳ ዚምገብ እንስሳ ባሕሪ

тюлень

ጃንር

ягуар

ሓጺር ፈረስ
....
поні

ነብሪ
....
леопард

ጉማረ
....
гіпопотам

ጂራፍ
....
жираф

ሊላ
....
орел

መፍለስ
....
кабан

ዓሳ
....
риба

ጎብየ
....
черепаха

ዋልሩስ
....
морж

ወኻርያ
....
лисиця

ሰስሓ
....
газель

ናይ ኣሜሪካ ኩዕሶ እግሪ
американський футбол

ምዝዋር ብሽግለታ
їзда на велосипеді

ተኒስ
теніс

ባስከትባል
баскетбол

ምሕምባስ
плавання

ቦክሲንግ
бокс

ሆኪ በረድ
хокей

ኩዕሶ እግሪ

футбол

ባድሚንተን

бадмінтон

እስፖርታዊ ንጥፈታት

легка атлетика

ኩዕሶ ኢድ

гандбол

ስኪ

лижні перегони

ፖሎ

поло

ሰሓቐ
сміятися

ነጥረ
стрибати

ሓቆፈ
обіймати

ከደ
йти

ደረፈ
співати

ሓለመ
мріяти

ጸለየ
молитися

ሰዓመ
цілувати

ጸሓፈ
писати

ሰአለ
малювати

ኣርኣየ
показувати

ደፍአ
тиснути

ሃበ
давати

ወሰደ
брати

አለወ

мати

ገበረ

робити

ኮነ

бути

ጠጠው በለ

стояти

ጐየየ

бігати

ሰሓበ

тягнути

ሰንደወ

кидати

ወደቐ

падати

ሓሰወ

лежати

ተጸበየ

очікувати

ሰከም

носити

ኮፍ በለ

сидіти

ተኸድነ

одягати

ደቀሰ

спати

ተሰአ

просипатися

ረኣየ

дивитися

በኸየ

плакати

ብኣጻብዑ ደረዘ

гладити

መሸጠ

розчісувати

ተዛረበ

розмовляти

ተረድአ

розуміти

ሓተተ

питати

ሰምዐ

слухати

ሰተየ

пити

በልዐ

їсти

አጽመጠ

прибирати

አፍቀረ

любити

ከሸነ

варити

ዘወረ

їхати

ነፈረ

літати

ብመርከብ ገየሽ

....

йти під вітрилом

ደመረ

....

рахувати

አንበበ

....

читати

ተመሃረ

....

вчитися

ሰርሐ

....

працювати

መርዓወ

....

одружуватися

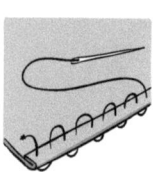

ሰፈየ

....

шити

ጽሬት አስናን

....

чистити зуби

ቀተለ

....

убивати

ሽጋራ ተከሸ

....

курити

ሰደደ

....

посилати

ዓባይ
бабуся

አቦሓጎ
дідуся

አቦ
батько

አደ
мати

ማማይ
немовля

ጓል
донька

ወዲ
син

ጋሻ

гість

ሓትኖ

тітка

አኮ

дядько

ሓው

брат

ሓፍቲ

сестра

ኣካላት

тіло

ግንባር
чоло
ዓይኒ
око
መንኩብ
плече
ኣጻብዕ
палець
ገጽ
обличчя
መንከስ
підборіддя
ኢድ
кисть
ኣፍ-ልቢ
груди
ሽፋን እግሪ
нога
ምናት
рука

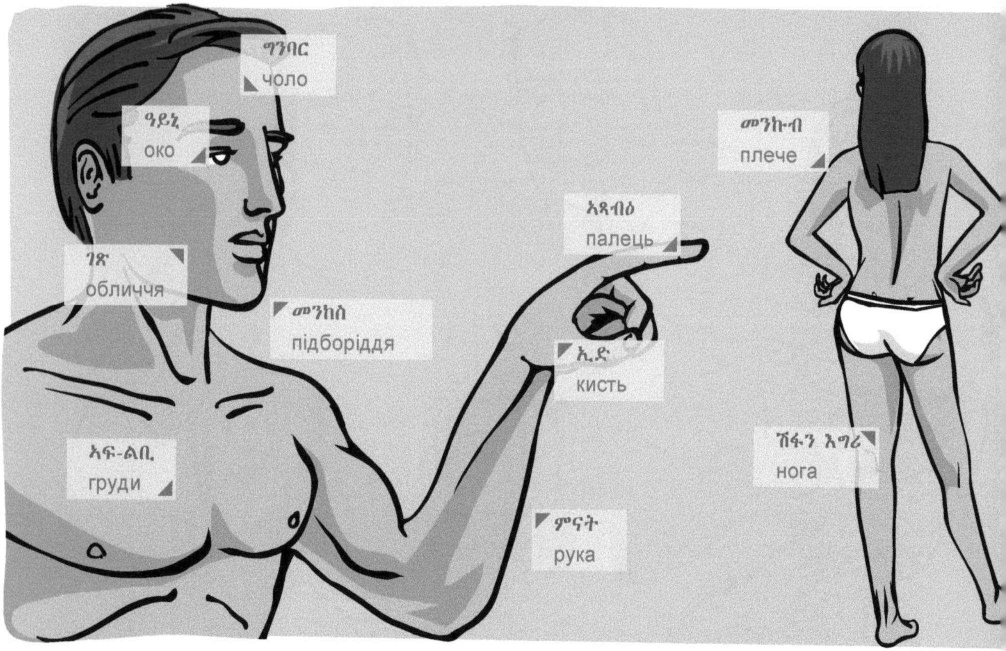

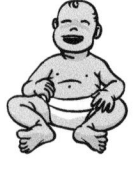

ማማይ

немовля

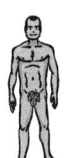

ሰብኣይ

чоловік

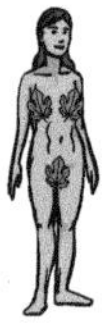

ሰበይቲ

жінка

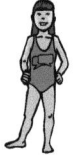

ጓል

дівчина

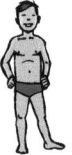

ወዲ

хлопчик

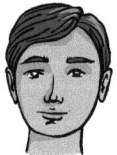

ርእሲ

голова

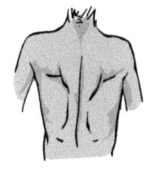

ሕቆ
спина

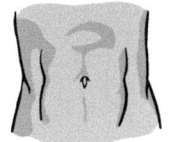

ከስዐ
живіт

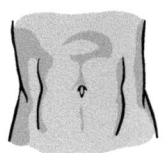

ሕምብርቲ
пуп

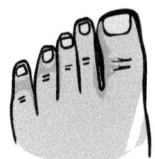

አጻብዕ እግሪ
палець ноги

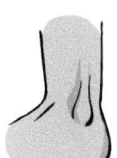

ኩርኹሪ
п'ята

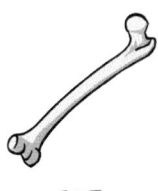

ዓጽሚ
кістка

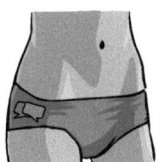

ምሕኩልቲ
стегно

ብርኪ
коліно

ፍግርጉ
лікоть

አፍንጫ
ніс

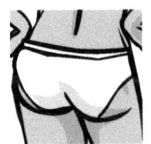

መዓኮር
сідниці

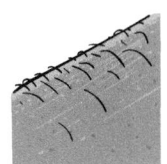

ቆርበት
шкіра

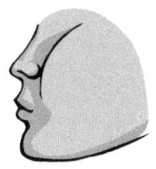

ምዕጉርቲ
щока

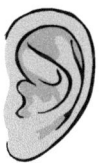

እዝኒ
вухо

ከንፈር
губа

አፍ

рот

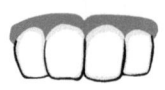

ስኒ

зуб

መልሓስ

язик

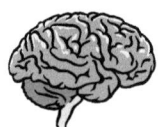

ሓንጎል

мозок

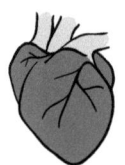

ልቢ

серце

ጭዋዳ

м'яз

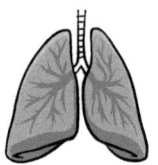

ሳንቡእ

легені

ጸላም ከብዲ

печінка

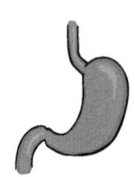

ከብዲ

шлунок

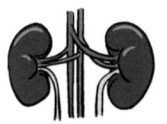

ኩሊት

нирки

ግብረ ስጋ

статевий акт

ኮንዶም

презерватив

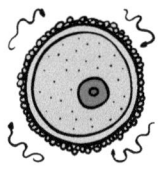

እንቋቍሓ

яйцеклітина

ዘርኢ ተባዕታይ

сперма

ጥንሲ

вагітність

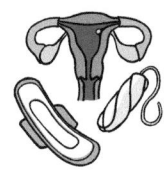

ጽግያት
....

менструація

ርሕሚ
....

вагіна

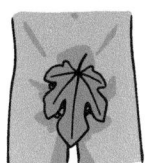

መትሎ
....

пеніс

ሽፋሽፍቲ
....

брова

ጸግሪ
....

волосся

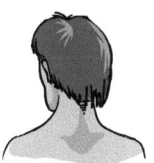

ክሳድ
....

шия

ሆስፒታል
лікарня

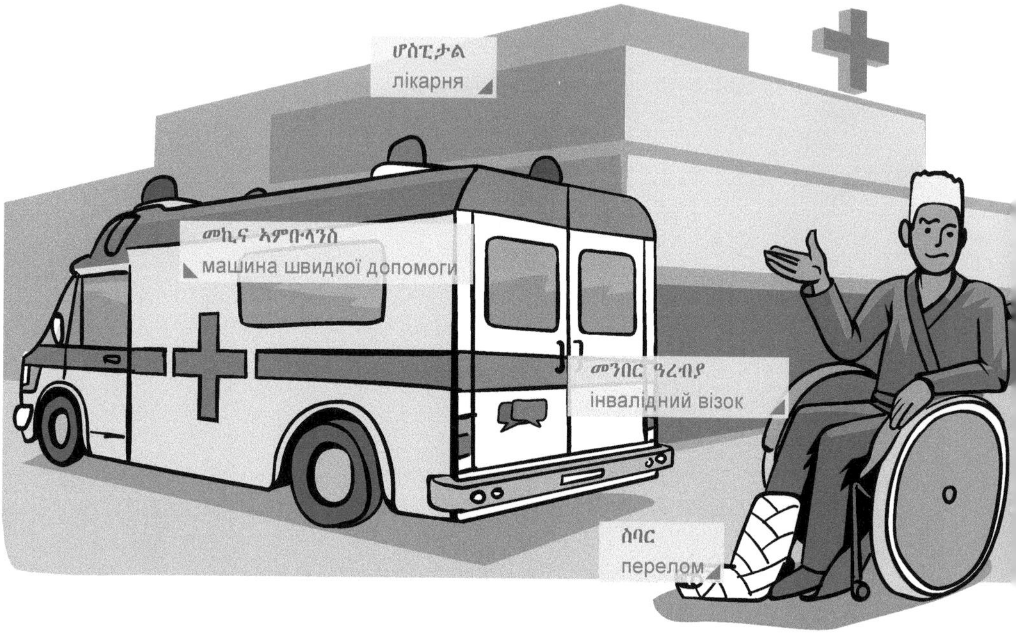

ሆስፒታል
лікарня
መኪና ኣምቡላንስ
машина швидкої допомоги
መንበር ዓረብያ
інвалідний візок
ስባር
перелом

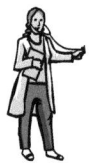

ሓኪም

лікар

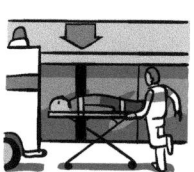

ክፍሊ ህጹጽ ረድኤት

відділення швидкої медичної допомоги

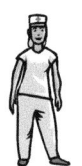

ኣላይት

медсестра

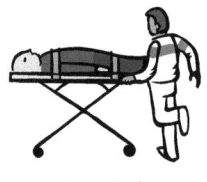

ህጹጽ ኩነት

аварійний випадок

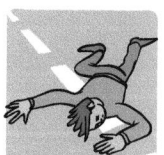

ውነኡ ዘጥፍአ

непритомний

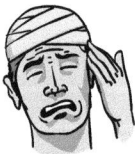

ቃንዛ

біль

ጉድኣት

травма

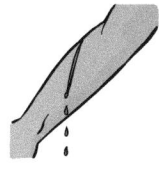

ደም

кровотеча

ማህረምቲ

інфаркт

ማህረምቲ

інсульт

ኣለርጂ

алергія

ሰዓል

кашель

ረስኒ

лихоманка

ኡንፍልወንዛ

грип

ውጽኣት

пронос

ቃንዛ ርእሲ

головна біль

መንሽሮ

рак

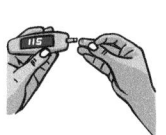

ሹኮርያ

діабет

ሓኪም መጥባሕቲ

хірург

መጥብሒ

скальпель

መጥባሕቲ

операція

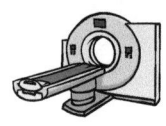

CT
КТ

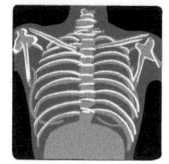

ራጂ
рентген

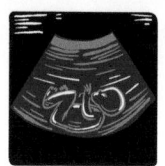

ልዕለ ድምጻዊ
ультразвук

መሸፈኒ ገጽ
маска

ሕማም
хвороба

ክፍሊ ምጽባይ
зал очікування

ምርኩስ
милиця

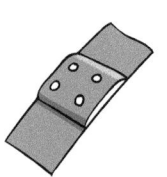

መጅነኒ ቁስሊ
пластир

መጅነኒ
пов'язка

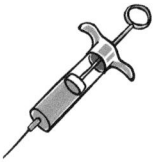

መርፍዕ ምውጋእ
ін'єкція

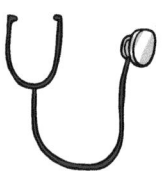

ስተቶስኮፕ
стетоскоп

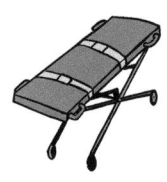

መሰከሚ ሕማም
ноші

ቴርሞመተር
термометр

ትውልዲ
народження

ልዕለ-ሚዛን
надмірна вага

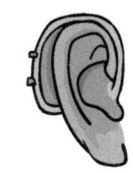

ሓገዝ ምስማዕ
....
слуховий апарат

ኣንጻሂ
....
дезінфікуючий засіб

ልበዳ
....
інфекція

ቫይረስ
....
вірус

ኤድስ
....
ВІЛ / СНІД

ሕክምና
....
медицина

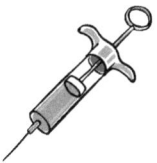

ክታብ
....
вакцинація

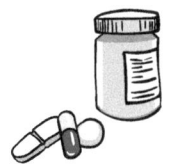

ክኒና
....
таблетки

ክኒና
....
протизаплідна пігулка

ህጹጽ ምድዋል
....
екстрений виклик

መዕቀኒ ጸቕጢ ደም
....
тонометр

ሕሙም / ጥዑይ
....
хворий / здоровий

аварійний випадок

ኣላርም

сигнал тривоги

ምህጃም

напад

ሓገዝ

Допоможіть!

መጥቃዕቲ

атака

ድንገት

небезпека

ህጹጽ መውጽኢ

аварійний вихід

መጥፍኢ ሓዊ

вогнегасник

ሓደጋ

аварія

ሓዊ!

Вогонь!

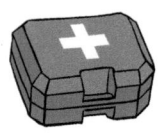

ሳንጣ ቀዳማይ ረድኤት

аптечка

SOS

СОС

ፖሊስ

поліція

ኤውሮጳ

Європа

ሰሜን አመሪካ

Північна Америка

ደቡብ አመሪካ

Південна Америка

ኣፍሪቃ

Африка

ኤስያ

Азія

ኣውስትራልያ

Австралія

ኣትላንቲክ

Атлантика

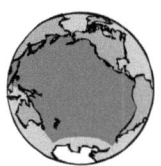

ፓሲፊክ

Тихий океан

ህንዳዊ ዉቅያኖስ

Індійський океан

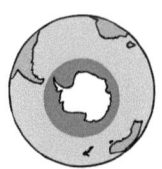

ኣንታርቲካዊ ዉቅያኖስ

Антарктичний океан

ኣርክቲካዊ ዉቅያኖስ

Північний Льодовитий океан

ሰሜናዊ ዋልታ

Північний полюс

ደቡባዊ ዋልታ
....
Південний полюс

አንታርቲካ
....
Антарктика

ምድሪ
....
Земля

መሬት
....
суша

ባሕሪ
....
море

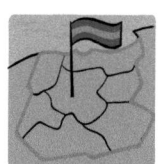

ደሴት
....
острів

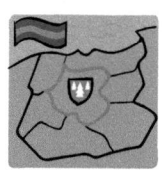

ሃገር
....
нація

ዓዲ
....
держава

ምድሪ - Земля

ገጽ ሰዓት

циферблат

አመልካቲ ሰዓታት

годинникова стрілка

አመልካቲ ደቓይቕ

хвилинна стрілка

አመልካቲ ካልኢት

секундна стрілка

ሰዓት ክንደይ አሎ?

Котра година?

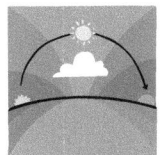

መዓልቲ

день

ግዜ

час

ሕጂ

зараз

ዲጊታል ሰዓት

цифровий годинник

ደቒቕ

хвилина

ሰዓት

година

тиждень

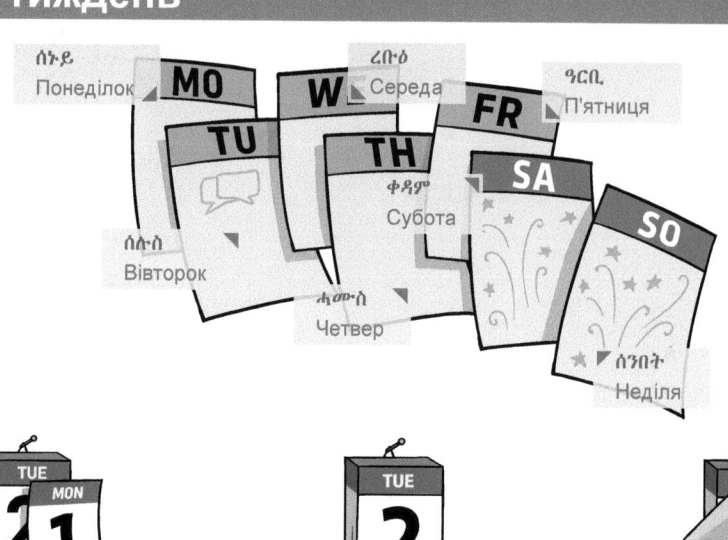

ሰኑይ
Понеділок

ሰሉስ
Вівторок

ረቡዕ
Середа

ሓሙስ
Четвер

ዓርቢ
П'ятниця

ቀዳም
Субота

ሰንበት
Неділя

ትማሊ
....
вчора

ሎሚ
....
сьогодні

ጽባሕ
....
завтра

ንጎሆ
....
ранок

ቀትሪ
....
опівдні

ምሸት
....
вечір

መዓልታት ስራሕ
....
робочі дні

መወዳእታ ሰሙን
....
кінець робочого тижня

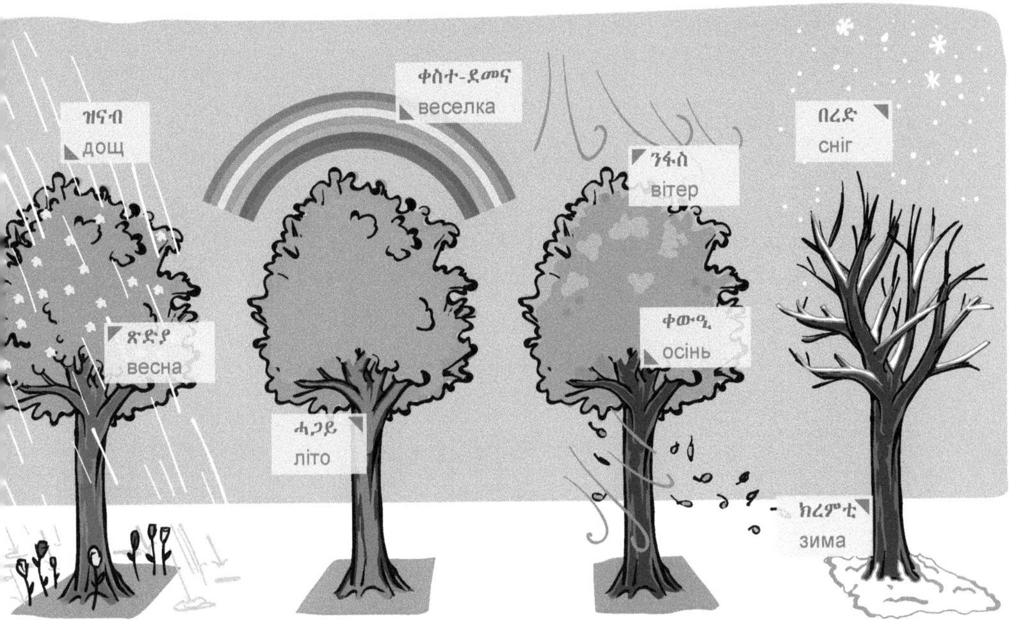

ዝናብ
дощ
ቀስተ-ደመና
веселка
ንፋስ
вітер
በረድ
сніг
ጽድያ
весна
ሓጋይ
літо
ቀውዒ
осінь
ክረምቲ
зима

4.APRIL 11°
5.APRIL 4°
6.APRIL 13°
7.APRIL 8°
8.APRIL 10°

ትንቢት ኩነታት ኣየር

прогноз погоди

F
C
120
90
60
30
0
-30
40
30
20
10
0
-10
-20

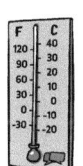

ቴርሞመተር

термометр

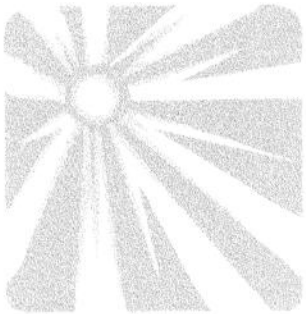

ብርሃን ጸሓይ

сонячне світло

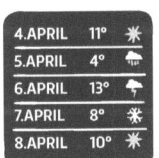

ደበና

хмара

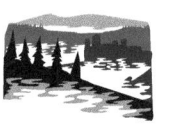

ግመ

туман

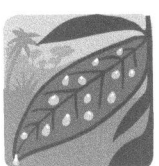

ጠሊ

вологість повітря

ብርቂ
....
блискавка

ነጐዳ
....
грім

ህቦብላ
....
шторм

በረድ
....
град

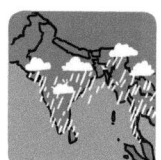

ብርቱዕ ህቦብላ
....
мусон

ውሕጅ
....
повінь

በረድ
....
лід

ጥሪ
....
Січень

ለካቲት
....
Лютий

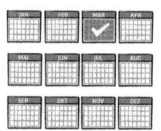

መጋቢት
....
Березень

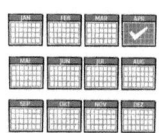

ሚያዝያ
....
Квітень

ጉንበት
....
Травень

ሰነ
....
Червень

ሓምለ
....
Липень

ነሓሰ
....
Серпень

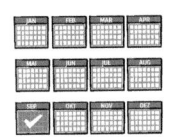

መስከረም
....
Вересень

ጥቅምቲ
....
Жовтень

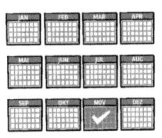

ሕዳር
....
Листопад

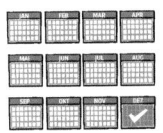

ታሕሳስ
....
Грудень

ቅርጻታት

форми

ዙርያ
....
круг

ትርብዒት
....
квадрат

ቅኑዕ ርቡዕ ኲርናዕ
....
прямокутник

ስሉስ ኲርናዕ
....
трикутник

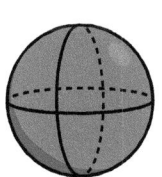

ኳቢ
....
куля

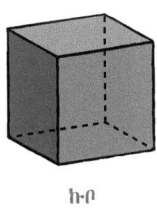

ኩቦ
....
куб

ጸዕዳ

білий

ብጫ

жовтий

ኣራንቺ

помаранчевий

ፒንክ

рожевий

ቀይሕ

червоний

ጁኽ

фіолетовий

ሰማያዊ

синій

ቀጠልያ

зелений

ቡናዊ

коричневий

ሓሙኽሽታይ

сірий

ጸሊም

чорний

ብዙሕ / ውሑድ

багато / мало

ሕሩቕ / ሰላማዊ

лютий / мирний

ጽቡቕ / ክፉእ

гарний / бридкий

መጀመርያ / መወዳእታ

початок / кінець

ዓቢ / ንእሽቶ

великий / малий

ብሩህ / ጸልማት

світлий / темний

ሓው / ሓፍት

брат / сестра

ጽሩይ / ርሳሕ

чистий / брудний

ምሉእ / ዘይምሉእ

завершений /
незавершений

መዓልቲ / ለይቲ

день / ніч

ሙዉት / ህልው

мертвий / живий

ሰፊሕ / ጸቢብ

широкий / вузький

ደስ ዘበል / ደስ ዘይብል

їстівний / неїстівний

እኩይ / ህያዋይ

злий / дружній

ርቡጽ / ስልኩይ

збуджений / нудьгуючий

ረጊድ / ቀጢን

товстий / тонкий

ቀዳማይ / ናይ መወዳእታ

спочатку / востаннє

ዓርኪ / ጸላኢ

друг / ворог

ምሉእ / ባዶ

повний / порожній

ተሪር / ልስሉስ

жорсткий / м'який

ከቢድ / ፈኩስ

важкий / легкий

ጥምየት / ጽምየት

голод / спрага

ሕሙም / ጥዑይ

хворий / здоровий

ዘይሕጋዊ / ሕጋዊ

незаконний / законний

መስተውዓሊ / ስዲ

розумний / дурний

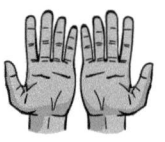

ጸጋም / የማን

вліво / вправо

ቆረባ / ርሑቕ

поруч / далеко

ሓዲሽ / ብሉይ

…новий / використаний

ዋላ ሓደ / ገለ

нічого / щось

ዓቢ./ኣረጊት / መንእሰይ

старий / молодий

ወልዕ / ኣጥፍእ

вкл / викл

ክፉት / ዕጹው

відкрито / закрито

ህዱእ / ዓው

тихо / гучно

ሃብታም / ድኻ

багатий / бідний

ቅኑዕ / ግጉይ

правильно / неправильно

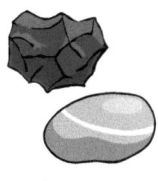

ሓርፋፍ / ልሙጽ

шорсткий / гладкий

ጉሁይ / ሕጉስ

сумний / щасливий

ሓጺር / ነዊሕ

короткий / довгий

ቀስ / ቅልጡፍ

повільно / швидко

ጥሉል / ንቑጽ

вологий / сухий

ምዉቕ / ዝሑል

гарячий / холодний

ውግእ / ሰላም

війна / мир

0

ዜሮ

нуль

1

ሓደ

один

2

ክልተ

два

3

ሰለስተ

три

4

ኣርባዕተ

чотири

5

ሓሙሽተ

п'ять

6

ሽዱሽተ

шість

7

ሸውዓተ

сім

8

ሸሞንተ

вісім

9

ትሽዓተ

дев'ять

10

ዓሰርተ

десять

11

ዓሰርተ ሓደ

одинадцять

12

ዓሰርተ ክልተ
....
дванадцять

13

ዓሰርተ ሰለስተ
....
тринадцять

14

ዓሰርተ ኣርባዕተ
....
чотирнадцять

15

ዓሰርተ ሓሙሽተ
....
п'ятнадцять

16

ዓሰርተ ሽዱሽተ
....
шістнадцять

17

ዓሰርተ ሽውዓተ
....
сімнадцять

18

ዓሰርተ ሸሞንተ
....
вісімнадцять

19

ዓሰርተ ትሽዓተ
....
дев'ятнадцять

20

ዕስራ
....
двадцять

100

ሚእቲ
....
сто

1.000

ሽሕ
....
тисяча

1.000.000

ሚልዮን
....
мільйон

እንግሊዝኛ
....

англійська

አመሪካዊ እንግሊዛዊ
....

американська англійська

ቻይናዊ ማንዳሪን
....

китайська
високочиновницька

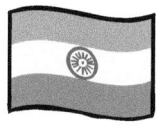

ሂንዳዊ
....

хінді

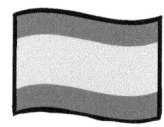

እስጳኛዊ
....

іспанська

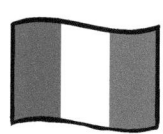

ፈረንሳዊ
....

французька

ዓረብዊ
....

арабська

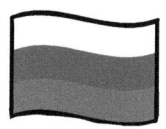

ሩሲያዊ
....

російська

ፖርቱጋላዊ
....

португальська

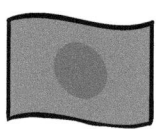

በንጋሊ
....

бенгальська

ጀርመናዊ
....

німецька

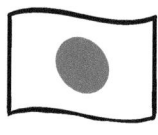

ጃፓናዊ
....

японська

አነ

я

ንስኻ/ኺ,

ти

ንሱ / ንሳ / ንሱ

він / вона / воно

ንሕና

ми

ንስኻ

ви

ንሳቶም

вони

መን?

хто?

እንታይ?

що?

ከመይ?

як?

አበይ?

де?

መዓስ?

коли?

ሽም

ім'я

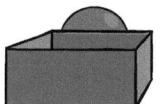

ድሕሪ

ззаду

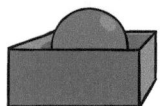

አብ

в

አብ ቅድሚ

перед

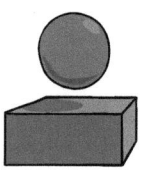

አብ ላዕሊ

над

አብ ልዕሊ

на

ትሕቲ ምድሪ

під

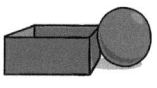

አብ ጥቓ

біля

አብ መንጎ

між

ቦታ

місце

·